O Fogo de Pentecostes

Pe. Alberto Luiz Gambarini

O FOGO DE PENTECOSTES

Ágape

Com aprovação eclesiástica

Cx. Postal 32
06850-970 – Itapecerica da Serra, SP
Fones (11) 4666-3988/4666-3619
Fax: (11) 4666-6056
Home page: www.encontrocomcristo.org.br

Composição e Impressão
Edições Loyola
Rua 1822 nº 347 – Ipiranga
04216-000 São Paulo, SP
Caixa Postal 42.335
04218-970 São Paulo, SP
(11) 6914-1922
(11) 6163-4275
Home page e vendas: www.loyola.com.br
Editorial: loyola@loyola.com.br
Vendas: vendas@loyola.com.br

Índice

Apresentação 7

CAPÍTULO I

Vida nova no Espírito 9

CAPÍTULO II

Espírito Santo o princípio ativo 21

CAPÍTULO III

A chave para a vida no Espírito: Efusão do Espírito 35

CAPÍTULO IV

A evidência da efusão do Espírito: Primeira parte 49

CAPÍTULO V

A evidência da efusão do Espírito: fruto do Espírito 59

CAPÍTULO VI

Os dons extraordinários do Espírito: os carismas .. 87

CAPÍTULO VII

Os carismas de sinal 107

CAPÍTULO VIII

Como receber a efusão do Espírito 131

CAPÍTULO IX

Conselhos para crescer na vida do Espírito 145

Apresentação

Quando iniciamos o Ano Nacional Missionário em preparação ao 5º COMLA em Belo Horizonte, o caríssimo Pe. Alberto Luiz Gambarini oferece mais um precioso trabalho de Evangelização e Renovação Cristã: *Fogo de Pentecostes,* muito oportuno para esclarecer o que entendemos por "Batismo no Espírito" e para convocar a todos para a urgente conversão que deve ligar a fé à vida de testemunho.

Mais do que nunca o homem moderno está desconfiado das promessas políticas e dos planos renovadores oferecidos pelos charlatões de novas fábulas.

Só o Espírito do Senhor pode nos converter e nos fazer membros evangelizados e evangelizadores do nosso tempo.

Agradecendo o exemplo e a generosa colaboração do Pe. Alberto, recomendo a todos este livro que ajudará a consolidar a Vocação.

DOM EMÍLIO PIGNOLI
— Bispo Diocesano de Campo Limpo —

Capítulo I

Vida nova no Espírito

Certa vez perguntaram ao papa João XXIII qual a maior necessidade do cristianismo dos nossos dias, e ele rapidamente respondeu: "**um maior conhecimento da doutrina do Espírito Santo!**". Nestas palavras está contida a sabedoria de alguém que realmente conhecia os caminhos de Deus para os homens. A base para uma fé viva está na experiência de Deus. Entretanto, esta experiência não é fruto de mero conhecimento intelectual, isto é, baseado em alguma pesquisa feita em livros ou adquirido nos bancos de alguma escola. A experiência de Deus ultrapassa esse conhecimento humano, pois faz o homem passar além da sua razão. O homem é tocado por Deus, envolvido pelo Seu amor, e, desse modo, descobre um sabor novo para a sua vida. A partir desse encontro sobrenatural é capaz de dar uma nova orientação para a sua existência.

Não existe nada de absurdo no que acabamos de dizer, a regra da nossa fé, a Bíblia, foi toda escrita a partir do testemunho de homens e mulheres que viveram essa experiência de Deus em suas vidas de modo marcante.

Assim foi, por exemplo, a experiência feita por Abraão. A Sagrada Escritura revela que Deus procurou Abraão e lhe dirigiu a palavra: "**O Senhor disse a Abraão: 'deixa tua terra, tua família e a casa de teu pai, e vai para a terra que eu te mostrar'**" (Gn 12,1). O efeito de tal acontecimento foi tão forte na vida desse homem, a ponto de ele ser capaz de romper com o esquema de vida que estava vivendo para seguir a ordem dada por Deus: "**Abraão partiu como o Senhor lhe tinha dito...**" (Gn 12,4). As manifestações do divino acompanharam a caminhada deste nosso pai da fé.

Outro testemunho da forma como Deus entra na vida dos homens é o relato da vida de Moisés, escolhido para libertar os hebreus da escravidão no Egito. Mais uma vez estamos diante da experiência de alguém na qual é dito que Deus falou com ele. A Escritura nos diz: "**Moisés apascentava o rebanho... o anjo do Senhor apareceu-lhe numa chama** (que saía) **do meio de uma sarça. Moisés olhava: a sarça ardia, mas não se consumia. 'Vou voltar, disse ele consigo, para contemplar esse extraordinário espetáculo, e saber por que a sarça não se consome.' Vendo o Senhor que ele se voltou para ver, chamou-o do meio da sarça: 'Moisés, Moisés!' — 'Eis-me aqui!' Respondeu ele. E Deus: "Não te aproximes daqui. Tira as sandálias dos teus pés, porque o lugar em que te encontras é uma terra santa. Eu sou, ajuntou Ele, o Deus de teu pai, o Deus de Abraão, o Deus de Isaac e o Deus de Jacó'. Moisés escondeu o rosto e não ousava olhar para Deus**" (Ex 3,1.2-6). Este acontecimento fez Moisés despertar espiritualmente e modificar os seus planos de vida. Ele não podia mais viver do mesmo modo.

Para o homem da Bíblia existe a certeza de que Deus fala com os seus eleitos e lhes comunica a Sua Palavra. Neste sentido é bom lembrar como se deu a escolha de Davi para ser o novo rei de Israel. Aqui estamos diante de algo desconcertante: o Senhor ordena a Samuel que escolha um novo rei para o seu povo, quando ainda reinava o rei Saul. Em 1Sm 15,35b lemos: "**Samuel afligia-se por causa de Saul, por se ter o Senhor arrependido de tê-lo feito rei de Israel**". Se analisarmos este fato somente do ponto de vista humano, poderemos concluir tratar-se de uma simples disputa de poder entre dois homens de personalidade forte. Esta não é a visão bíblica. Para a Palavra de Deus Saul havia desagradado ao Senhor. Samuel foi enviado para Belém com uma missão precisa, afinal o Senhor Deus lhe havia falado: "**Ungirás para mim aquele que eu mandar**" (1Sm 16,3b). Chegando à casa de Isaí, pai do jovem Davi, para que Samuel não fizesse uma escolha com critérios humanos, o Senhor o alertou: "**Não te deixes impressionar pelo seu belo aspecto, nem pela sua alta estatura, porque eu o rejeitei. O que o homem vê não é o que importa: o homem vê a face, mas o Senhor o coração**" (1Sm 16,7). Os filhos de Isaí eram belos, altos e fortes, com exceção de Davi, que apesar da sua formosura não possuía o porte de um guerreiro. Nesta escolha fica patente a intervenção de algo que não era a razão de Samuel, pois para ele outro seria o escolhido. Todavia, quando Davi entrou na sua presença "**O Senhor disse: vamos, unge-o: é ele**" (1Sm 16,12). E assim, por escolha divina, Davi foi consagrado para ser o rei de Israel.

É significativo também o ministério dos profetas no Antigo Testamento. Os profetas eram homens chamados por Deus para anunciar a Sua mensagem. Os profetas falavam daquilo, diziam receber de Deus. Esses homens não eram super-homens, cheios de toda coragem, mas seres humanos comuns, invadidos, muitas vezes, por medo e insegurança diante do serviço dado pelo Senhor. Por exemplo, a descrição da vocação do profeta apresentada em Jr 1,7: "**Replicou o Senhor: 'Não digas sou uma criança: porque irás procurar todos aqueles aos quais eu te enviar, e lhes dirás o que eu te ordenar.'**" Aí fica evidente uma certeza: a palavra dos profetas não era fruto da imaginação ou de alguma elaboração da própria mente, e sim de uma revelação dada pelo Todo-Poderoso.

No Novo Testamento a realização das promessas de Deus acontece pela visita do Anjo Gabriel a Maria. Em Lc 1,26 lemos: "**...o anjo Gabriel foi enviado por Deus... a uma virgem...**". Lucas diz que nesta visita o anjo falou: "**entrando o anjo disse-lhe: 'Ave, cheia de graça, o Senhor é contigo.'**" (Lc 1,28); e também "**Maria perguntou ao anjo...** (Lc 1,34). Não sabemos todos os detalhes dessa visitação, mas uma coisa é certa: foi algo sensível e real para Maria. Para ela não existia dúvida, o Altíssimo havia falado. O canto de Maria confirma essa certeza: "**Meu Espírito exulta de alegria, em Deus, meu salvador, porque olhou para sua pobre serva...**" (Lc 1,47-48a).

Digno de nota é a forma como Deus esclareceu a José o que estava acontecendo com Maria. O evangelho nos informa que José estava disposto a abandonar sua esposa. "**Enquanto assim pensava, eis que um anjo do Senhor lhe apareceu em sonhos e lhe disse: 'José, filho de Davi, não temas receber Maria por esposa, pois o que nela foi concebido vem do Espírito Santo...'**" (Mt 1,20).

Os testemunhos da ressurreição de Jesus são fruto de uma experiência com algo que ultrapassou a lógica humana. Jesus havia morrido, e entretanto muitos testemunharam: "**Vimos o Senhor**" (Jo 20,25). O que aconteceu? Teria sido uma ilusão ou uma alucinação?

Ou não teria sido um recurso literário? Para os autores bíblicos e para aqueles a quem Jesus aparecera não existia dúvida: de fato o Ressuscitado se havia manifestado. Caberia recordar o texto de Mc 16,14: "**Por fim apareceu aos onze, quando estavam sentados à mesa, e censurou-lhes a incredulidade e dureza de coração, por não acreditarem aos que o tinham visto ressuscitado**".

PENTECOSTES: O JORRAR DO SOBRENATURAL

É com a vinda do Espírito Santo, em Pentecostes, que vemos um jorrar mais evidente da maneira sobrenatural como Deus passa a agir entre os homens. A experiência do Espírito que no passado havia sido dada a algumas pessoas passa a ser a marca do cristianismo. O derramar do Espírito Santo foi como uma torneira jorrando o sobrenatural sobre os homens. Foi como Pedro explicou o acontecimento do cenáculo, ao recordar as palavras do profeta Joel: "**Acontecerá nos últimos dias — é Deus quem fala —, derramarei do meu Espírito sobre todo ser vivo: profetizarão os vossos filhos e vossas filhas. Os vossos jovens terão visões, e os vossos anciãos sonharão. Sobre os meus servos e sobre as minhas servas derramarei naqueles dias do meu Espírito e profetizarão. Farei aparecer prodígios em cima no céu e milagres embaixo na terra: sangue, fogo e vapor de fumaça. O sol se converterá em trevas e a lua em sangue, antes que venha o grande e glorioso dia do Senhor. E então, todo o que invocar o nome do Senhor será salvo** (Jl 3,1-5)" (At 2,17-21). Infelizmente, em todos os tempos, sempre existiram intérpretes da Escritura que tentaram, e ainda hoje tentam, diminuir a força e a importância de Pentecostes. Alguns afirmam ser somente simbólico, outros até aceitam o que aí está apresentado, mas fazendo a ressalva de que tal ação extraordinária do Espírito foi somente dada pelo Senhor para dar um impulso inicial à Igreja. Estas e outras posições são facilmente corrigidas, primeiro com as palavras de Pedro em At 2,39: **"A promessa é para vós, para os vossos filhos e para todos os que ouvirem de longe o apelo do Senhor, nosso Deus"**, e, principalmente, pela leitura de todo o livro de Atos dos Apóstolos. Paralelo a esta leitura é importante conhecer como a Igreja primitiva crescia e vivia a fé. As cartas de São Paulo são uma ajuda importante, mas principalmente no período pós-bíblico, conhecido como período patrístico.

Recentemente D. Kilian McDonnell, monge beneditino, publicou uma pesquisa sobre esse período, em que mostra como os cristãos viviam a vida no Espírito. O erro é imaginar que a experiência do Espírito seja algo característico de um movimento exótico ou fanático. No resumo da pesquisa de D. Kilian, intitulado **Avivar a chama**, na página 20, está escrito: **"O batismo no Espírito era sinônimo de iniciação cristã em Justino Mártir, Orígenes, Dídimo, o cego, e Cirilo de Jerusalém. Tertuliano, Hilário de Poitiers, Cirilo de Jerusalém, João Crisóstomo, João de Apaméia, Filoxeno de Mabugo, Severo de Antioquia e José Hazaia claramente consideravam o recebimento de carismas (dons extraordinários) integrantes da iniciação cristã.** Em outras palavras, os sacramentos de iniciação, isto é, o batismo-crisma e eucaristia, estavam unidos a uma experiência do Espírito chamada no Novo Testamento de **Batismo no Espírito, efusão do Espírito, novo nascimento, regeneração, vivificação...**

Estamos no tempo da nova evangelização e do ardor missionário, que somente acontecerá se soubermos viver de um modo vibrante a nossa fé. Tal realidade tornar-se-á possível se for obra do fogo do Espírito Santo agindo em nosso interior. João XXIII entendera esta urgência, daí ter escrito no final da carta de convocação do Concílio Vaticano II, enviada a todos os bispos: "**...digne-se o divino Espírito ouvir da maneira mais consoladora a oração que todos os dias sobe de todos os recantos da terra: renova em nossa época os prodígios como em novo pentecostes...**".

Existe um poder espiritual à nossa disposição, capaz de fazer com que a nossa vida seja abundante e rica das bênçãos do céu. O Senhor Deus não nos quer vivendo em um padrão espiritual pobre. Ele nos quer lançar na maravilhosa aventura do Espírito. O que temos de fazer é dar o primeiro passo, isto é, desejar de todo coração esta vida nova no Espírito. O restante Ele fará. Jesus prometeu: "**Se alguém tiver sede, venha a mim e beba. Quem crê em mim, como diz a Escritura: do seu interior manarão rios de água viva. Dizia isto, referindo-se ao Espírito que haviam de receber os que cressem nele...**" (Jo 7,37-39).

Tenha sempre presente uma verdade fundamental: **ser cristão não é somente conhecer todo o catecismo, nem simplesmente ter uma filosofia de vida ou ser membro de alguma Igreja.** Tornar-se cristão significa viver na plenitude do Espírito, sendo capaz de testemunhar os feitos maravilhosos de Deus em nossa vida.

Este livro deseja levá-lo a essa experiência. Nele falaremos de como ativar o sobrenatural. A cada página deixe o Espírito Santo conduzi-lo ao manancial do poder. O fogo de Pentecostes abrasará o seu coração, renovará a sua mente, e o esplendor da glória de Deus estará em sua vida. Prepare-se porque a sua vida nunca mais será a mesma. Você sentirá a mão de Deus agindo, e dando a vitória!

Antes de passar para o próximo capítulo, quero convidá-lo a pedir o Espírito Santo. Creia, desde já, Ele estará realizando a promessa de Deus para a sua vida: **"Eis que vou fazer com que sejais penetrados pelo Espírito e vivereis"** (Ez 37,5). Se você deseja esta realidade, então, com o coração e os lábios, repita a oração que segue e complete com as suas palavras aquilo que você deseja da obra do Espírito Santo em sua vida:

**"Vem, Espírito Santo, renovar a minha vida,
despertar todo o meu ser,
para as maravilhas de Deus.
Acende o teu fogo espiritual em meu
coração e dai-me a graça de viver a vida
nova dada por Jesus.**

**Queima o pecado e as fraquezas;
cura-me das minhas tristezas e desilusões;
ensina-me a cada dia a enfrentar as
provações, e nunca pagar o mal com o mal.
Enfim, inunda-me com o teu poder para que
cresça, em mim, a cada dia, a vida
sobrenatural."**

Amém.

Agora complete com as suas palavras: ....

ESTUDO

1. O segredo para uma vida abundante é estar cheio do ....para que Jesus seja exaltado (leia Jo 16,1-5).

2. O que significa ter uma experiência de Deus?

3. Pela fé em Deus Abraão ....(copie Gn 12,4) e ....(copie Hb 11,8).

4. Deus entrou na vida de Moisés de um modo mais forte:
– quando ele morava na corte do faraó ( )
– quando ele já estava com idade avançada e era um simples pastor ( )
Justifique a sua resposta com um texto da Bíblia.

5. A escolha do rei Davi por Samuel foi:
– por uma consulta feita às tribos de Israel ( )
– pelo seu porte físico e valor militar ( )
– pela inspiração interior de Deus ( )
Fundamente a sua escolha com a Sagrada Escritura.

6. Qual era o serviço dos profetas e como o realizavam?

7. Copie a descrição da vocação do profeta apresentada em Jr 1,7: ....
...................................e comente o seu significado.

8. Como deu-se a manifestação de Deus na vida de Maria (leia Lc 1,21) e com São José (leia Mt 1,20)? Qual a sua conclusão?

9. Aqueles a quem Jesus ressuscitado apareceu de fato o viram? sim ( ) não ( )
Copie o texto de Mc 16,14:....................................
....
....

10. Em ....aconteceu o jorrar do Espírito Santo explicado por Pedro com as seguintes palavras (copie At 2,17-21): ....
....
....

11. O que aconteceu no início da Igreja em Pentecostes foi somente para aquele tempo? sim ( ) não ( )

Existe algum versículo bíblico para comprovar a sua resposta?

12. A experiência do Espírito é algo próprio de um movimento? sim ( ) não ( )

Quais os diversos nomes usados pela Bíblia para falar desta experiência?

13. Segundo as palavras de Jesus em Jo 7,37-39, aquele que............. do seu interior......... Ele está falando do ....que nos faz sair da pobreza espiritual.

SUGESTÃO PARA A ORAÇÃO DURANTE A SEMANA:

— Comece sempre com uma oração espontânea pedindo a Deus que desperte a sua vida com a força do Espírito Santo e complete com a oração a seguir.

— leia lentamente o texto sugerido para cada dia, se for necessário mais de uma vez; em seguida faça uma pausa de silêncio para deixar Deus falar pela palavra lida.

— termine com uma oração espontânea renovando a Deus o seu desejo por uma profunda renovação espiritual.

— complete pedindo a intercessão de Maria no céu rezando a ave-maria.

ORAÇÃO AO ESPÍRITO SANTO

Vinde, Espírito Santo,
E enviai-nos do alto do céu
Um raio da vossa luz!

Vinde, Pai dos pobres
Vinde, fonte de todos os dons
Vinde, luz dos corações
Consolador magnífico!
Doce hóspede da alma!
Doce refrigério!

Sois repouso para o nosso trabalho,
calmante para as nossas paixões,
lenitivo para as nossas lágrimas!

ó luz da felicidade,
inundai plenamente
os corações dos vossos fiéis!

Sem o vosso auxílio
nada pode o homem,
nada produz de bom!

Lavai as nossas manchas,
banhai a nossa aridez!
Sarai as nossas feridas!

Dobrai a nossa dureza,
aquecei nossa frieza,
retificai os nossos erros.
Dai aos vossos fiéis,
que em vós confiam,
os dons sagrados.

Dai-nos o mérito da virtude!
Dai-nos o troféu da salvação
Dai-nos a alegria eterna! Amém.

TEXTOS PARA A ORAÇÃO

Primeiro dia: Gn 12,1-4
Segundo dia: Ex 3,1-12
Terceiro dia: 1Sm 3,1-10
Quarto dia: Jr 1,4-8
Quinto dia: Lc 1,26-38
Sexto dia: Mt 1,18-25
Sétimo dia: At 2,14-21

Capítulo II

Espírito Santo: o princípio ativo

O Senhor Jesus Cristo, antes de voltar para junto do Pai, foi preciso com seus seguidores: "**Eu vos mandarei o prometido de meu Pai; entretanto, permanecei na cidade, até que sejais revestidos da força do Alto**" (Lc 24,49). E de fato a Igreja de Cristo somente foi inaugurada para o mundo depois da vinda do Espírito Santo em Pentecostes. Nesse dia cumpriram-se as palavras de Jesus. Todos os que estavam na sala do cenáculo "**ficaram cheios do Espírito Santo...**" (At 2,4).

O segredo do sucesso da obra de evangelização da Igreja primitiva está aí apresentado: **A condição para ser realmente cristão era estar cheio do Espírito Santo.** Eles haviam entendido algo fundamental: quem dá a experiência do amor do Pai e da salvação de Jesus Cristo é o Espírito Santo. Sem este princípio ativo, a vida espiritual não produz frutos de conversão, de vitória, alegria e paz. Quando falta o vigor do Espírito, a fé se transforma em uma doutrina fria, incapaz de ser o combustível para dar ao cristão a força para viver e ver o poder de Deus agindo em seu favor.

Infelizmente, muitos cristãos desconhecem a importância do Espírito Santo. Encontram-se em uma situação mais estranha do que a daqueles discípulos de Éfeso. Quando Paulo os visitou, lhes perguntou: "**Recebestes o Espírito Santo quando abraçastes a fé? Responderam-lhe: não, nem sequer ouvimos dizer que há um Espírito Santo!**" (At 19,2). Entretanto, eles tinham motivos para o desconhecimento da pessoa do Espírito Santo, quando Paulo lhes perguntou: "**...em que batismo fostes batizados? ...disseram: no batismo de João**" (At 19,3). Eles não haviam recebido o batismo cristão. Aquele que é batizado no batismo de Jesus recebe o Espírito Santo. Tal verdade é doutrina bíblica pregada por Pedro: "**...cada um de vós seja batizado em nome de Jesus Cristo para remissão dos pecados, e recebereis o dom do Espírito Santo**" (At 2,38). A questão está aí colocada, todo batizado possui o Espírito Santo. O que falta é permitir a sua ação. É verdade que, em muitos casos, existe realmente uma falta de conhecimento sobre a pessoa e missão do Espírito Santo. Também é certo que existem aqueles que não se abrem nem são dóceis às moções do Espírito.

Primeiro, vamos conhecer o que a Sagrada Escritura nos fala sobre o Espírito Santo. Por último, veremos o que produz a falta de abertura a Ele.

O QUE A BÍBLIA FALA DO ESPÍRITO SANTO

1. O ANTIGO TESTAMENTO

Um primeiro ponto importante apresentado pela Sagrada Escritura é: O **Espírito Santo é o meio pelo qual Deus age.** É assim que já no primeiro livro da Bíblia vemos o Espírito participando da obra da criação: "**A terra estava informe e vazia, as trevas**

cobriam o abismo e o Espírito de Deus pairava sobre as águas" (Gn 1,2). No livro do Gênesis temos mais duas citações: **"O Senhor então disse: meu Espírito não permanecerá para sempre no homem, porque ele é todo carne..."** (Gn 6,3) e **"poderíamos encontrar um homem que tenha, tanto como este, o Espírito de Deus"** (Gn 41,38). Nestas três referências, é apresentado um pequeno resumo da obra do Espírito Santo na vida dos homens. Pelo Espírito Santo, o Senhor Deus deseja criar uma vida nova no homem, afastando-o do pecado e fazendo nele a Sua morada. O Espírito Santo é o realizador da obra do Pai e do Filho.

Já no Antigo Testamento, o Espírito Santo é visto como aquele que transforma vidas e opera prodígios. Nós o vemos repousando sobre determinadas pessoas, para capacitá-las a viver a fé de um modo forte e desassombrado. Esta manifestação é apresentada como transitória, isto é, para que a pessoa possa realizar determinada obra. É o caso de Sansão que revestido do Espírito foi capaz de enfrentar um leão (Jz 13,25), vencer trinta homens (Jz 14,6.19) e arrebentar as cordas com que estava amarrado (Jz 15,14ss.); servem também como exemplo Otoniel (Jz 3,10), Gedeão (Jz 6,34), Jefté (Jz 11,29) ou o rei Saul (1Sm 11,6ss). Nestes exemplos, já é revelado que a ação do Espírito é dom, isto é, presente gratuito de Deus, não depende dos méritos do homem e assim do mesmo modo como é dado pode ser tirado. Como é possível tal situação? Dos personagens já citados vamos examinar dois exemplos. Sansão e Saul. O Senhor Deus havia operado poderosamente por meio deles, mas algo os fez perder a aprovação divina. É importante aprender a lição desses exemplos para que possamos permitir o crescimento do poder de Deus em nós. Esses homens eram de linha de frente, entretanto o Espírito de Deus não estava mais com eles.

Sansão permitiu que o amor por Dalila fosse mais forte do que a missão dada por Deus. A conseqüência de tal ato foi "**o Senhor se tinha retirado dele**" (Jz 16,20b). Saul fora escolhido primeiro rei de Israel. Deveria governar não como os reis pagãos, mas com a consciência de estar no poder em nome de Deus e buscar o bem do Seu povo. Comete um primeiro erro, querendo combater os inimigos de Israel como um general comum, ao invés de esperar a orientação de Deus. Como se deu isso? Os israelitas estavam cercados, o povo estava com medo, Saul impaciente para começar a batalha, mas era preciso esperar a chegada de Samuel para oferecer um sacrifício ao Senhor. Como Samuel demorava, Saul disse: "**Trazei-me o holocausto e os sacrifícios pacíficos. E ofereceu o holocausto**" (1Sm 13,9), e assim cometeu um grave pecado aos olhos de Deus. Algum tempo depois, estando perturbado pelo medo, ordenou: "**Procurai-me uma necromante para que eu a consulte...**" (1Sm 28,7). Tal atitude desagradou profundamente ao Senhor, pois a consulta aos mortos era proibida aos israelitas (Dt 18,10-11). Com esses dois exemplos, aprendemos uma lição importante: o Senhor concede seu Espírito gratuitamente e não por merecimento, todavia aquele que o recebe deve corresponder por meio de uma vida na qual a Palavra seja observada.

O ESPÍRITO SANTO E AS PROFECIAS

Aparentemente eram os profetas quem recebiam o dom do Espírito de um modo prolongado no Antigo Testamento. Os profetas eram homens levantados por Deus e por Ele inspirados para realizarem a missão de anunciar as mensagens divinas ao povo escolhido. Entre as principais profecias, estão aquelas que dizem respeito à vinda do Salvador dos homens e ao derramamento do Espírito, para a realização completa da obra de Deus. O que aconteceu em Pentecostes foi a pura e simples realização do prometido pelo próprio Deus. Por isso é importante recordar o que Deus falou pelos seus profetas, para permitir a ação do Seu Espírito em nossa vida. Ter presente essas profecias ajuda-nos a abrir a mente e o coração para aquela obra maravilhosa de transformação da nossa vida, afinal estamos no tempo do Espírito.

Primeiramente, é apontado para Aquele sobre quem repousaria o Espírito de Deus e que viria para inaugurar o tempo da unção para todo o povo. Três textos do profeta Isaías são fundamentais:

"Um renovo do tronco de Jessé, e um rebento brotará de suas raízes. Sobre ele repousará o Espírito do Senhor, o Espírito de sabedoria e de entendimento, Espírito de prudência e de coragem, Espírito de ciência e de temor do Senhor, sua alegria se encontrará no temor do Senhor, ele não julgará pelas aparências, e não decidirá pelo que ouvir dizer, mas julgará os fracos com equidade, fará justiça aos pobres da terra, ferirá o homem impetuoso com uma sentença de sua boca, e com o sopro dos seus lábios fará morrer o ímpio."

(Is 11,1-4).

"Eis meu servo que eu amparo, meu eleito ao qual dou toda minha afeição, faço repousar sobre ele o meu Espírito, para que leve às nações a verdadeira religião."

(Is 42,1)

"O Espírito do Senhor repousa sobre mim, porque o Senhor consagrou-me pela unção; enviou-me a levar a Boa Nova aos humildes, curar os corações doloridos, anunciar aos cativos a redenção, aos prisioneiros a liberdade, proclamar

um ano de graças da parte do Senhor, um dia de vingança de nosso Deus; consolar todos os aflitos, dar-lhes um diadema em vez de cinzas, o óleo da alegria em vez de vestidos de luto, cânticos de glória em lugar de desespero."

(Is 61,1-3)

Essas revelações dizem respeito à missão de Jesus Cristo, tanto é verdade que, depois de ter lido Is 61 na sinagoga de Nazaré, no início do seu ministério, falou: "**Hoje se cumpriu este oráculo que vós acabais de ouvir**" (Lc 4,21). Nessas profecias fica evidente que uma das finalidades da vinda do Messias seria conceder o dom do Espírito aos seus seguidores. Esta ação do Espírito também estaria unida a um quebrar de todas as correntes do pecado, fracasso, derrota, tristeza, fraqueza, angústias ou enfermidades.

As outras profecias dizem respeito a derramamento do Espírito. Entre as principais, destaca-se a que foi citada por Pedro para explicar o que estava acontecendo no dia de Pentecostes. Trata-se de Joel 3,1-5: "**Depois disto, acontecerá que derramarei do meu Espírito sobre todo ser vivo: vossos filhos e vossas filhas profetizarão, vossos anciãos terão sonhos e vossos jovens terão visões; naqueles dias derramarei também do meu Espírito sobre os escravos e as escravas. Farei aparecer prodígios no céu e na terra, sangue, fogo e turbilhões de fumo. O sol converter-se-á em trevas e a lua em sangue, ao se aproximar o grandioso e temível dia do Senhor. Mas todo o que invocar o nome do Senhor será poupado**" Estas palavras proféticas não se esgotaram no dia em que o Espírito Santo fluiu sobre as 120 pessoas reunidas no cenáculo. Fica evidente que a partir da sua realização passou a ser uma realidade disponível a "**todo o que invocar o nome do Senhor**". Este todo significa inclusive você que está lendo este livro.

O importante é entender que ninguém está excluído, pois o Senhor deseja devolver ao homem a integridade e o poder espiritual, perdidos em virtude do pecado. Por meio de outras profecias, é esclarecida a maneira como seria operada no homem a obra do Espírito.

Haveria uma transformação interior sensível, que é comparada à mudança de um deserto em floresta. Na Bíblia, um dos símbolos do deserto é ser o lugar de provações, no qual o homem não encontra comida e nem água. A vida sem o Espírito de Deus é apresentada como sendo seca e sem sentido.

"Até que sobre nós se derrame o Espírito do alto. Então o deserto se mudará em Vergel, e o Vergel tomará o aspecto de uma floresta" (Is 32,15).

"Porque derramarei água sobre o solo sequioso, fá-la-ei correr sobre a terra árida, derramarei meu Espírito sobre tua posteridade, e minha bênção sobre teus rebentos" (Is 44,3).

Outra descrição da obra do Espírito é a que fala da mudança de coração. Na Bíblia o coração fala do homem interior, dos seus sentimentos e emoções. Aqui é revelado que o Espírito não mudaria somente o exterior, mas o interior do homem. Trata-se da cura da mente e dos seus valores, para um novo relacionamento com Deus e com o próximo. O homem renovado pelo Espírito não mais andará no desamor, no ciúme cego ou na desunião.

"Eu lhes darei um só coração e os animarei com um Espírito novo, extrairei do seu corpo o coração de pedra, para substituí-lo por um coração de carne, a fim de que observem as minhas leis, guardem e pratiquem os meus mandamentos, sejam o meu povo e eu o seu Deus" (Is 11,19-20).

Tudo o que foi aqui apresentado fala daqueles tempos em que fluiria o Espírito Santo prometido.

No Antigo Testamento, o Espírito Santo é apresentado como um poder repousando em algumas pessoas somente em vista de determinada missão. Já no Novo Testamento, é revelado como o Espírito Santo agiu em Jesus e foi derramado sobre os primeiros cristãos.

2. NOVO TESTAMENTO

Os evangelhos de Mateus e Lucas fazem questão de apresentar o nascimento de Jesus como fruto de um ato extraordinário, isto é, não por um meio humano, e sim pela ação do Espírito Santo no ventre de Maria. "**Eis como nasceu Jesus Cristo: Maria, sua mãe, estava desposada com José. Antes de coabitarem, aconteceu que ela concebeu por virtude do Espírito Santo**" (Mt 1,18); "**o Espírito Santo descerá sobre ti, e a força do altíssimo te envolverá com a sua sombra. Por isso o ente santo que nascer de ti será chamado filho de Deus**" (Lc 1,35).

No início do Seu trabalho de pregação do Reino, destacam-se três fatos importantes: o seu batismo, a luta contra Satanás no deserto e a sua apresentação na sinagoga de Nazaré. No batismo, o Espírito Santo vem sobre Ele em forma de pomba: "**Depois que Jesus foi batizado, saiu logo da água. Eis que os céus se abriram e viu descer sobre ele, em forma de pomba, o Espírito Santo de Deus**" (Mt 3,16). Nesta unção foi levado para o deserto, onde foi tentado pelo demônio; a vitória veio em virtude de estar revestido da força do Alto: "**Cheio do Espírito Santo, voltou Jesus do Jordão e foi levado pelo Espírito ao deserto**" (Lc 4,1). E, finalmente, apresenta-se diante dos judeus dizendo: "**O Espírito do Senhor está sobre mim, porque me ungiu; e enviou-me...**" (Lc 4,18).

O valor de Jesus assumir a nossa condição humana está em ter vindo sem privilégios. Ele é Deus, mas revestiu-se em tudo da nossa natureza humana, menos do pecado. Por causa da fragilidade humana, necessitou do poder do Espírito para cumprir a sua missão. Cada gesto de Jesus teve em vista revelar como cada um de nós pode revestir-se do poder do alto. O que Ele fez, o fez para capacitar os seus seguidores a serem vitoriosos diante da vida. "**...Aquele que crê em mim fará também as obras que eu faço, e fará ainda maiores do que estas: porque vou para junto do Pai**" (Jo 14,12). O Senhor Jesus alertou os seus discípulos da importância de estarem cheios do Espírito. É interessante perceber que as duas principais advertências foram ditas depois da ressurreição, pouco antes de voltar para junto do Pai. A primeira a encontramos em Lucas 24,49: "**Eu vos mandarei o prometido de meu Pai; entretanto, permanecei na cidade, até que sejais revestidos da força do Alto**"; a outra em At 1,4: "**...Ordenou-lhes que não se afastassem de Jerusalém, mas que esperassem aí o cumprimento da promessa de seu Pai...**". Sem dúvida o Espírito Santo para Jesus não foi uma mera questão de doutrina, mas a força interior para uma fé cheia de entusiasmo e vitalidade. O cristão verdadeiro deve ter certeza de nele estar agindo a plenitude do Espírito.

JESUS E A PROMESSA DO ESPÍRITO SANTO

Durante o tempo do seu curto ministério, Jesus falou com muita insistência sobre o Espírito Santo. Nos seus ensinamentos, explicou como seria a sua ação na vida do cristão a fim de realizar a obra do Pai. Nas explicações do Senhor, aprendemos como reconhecer se realmente o Espírito Santo está se manifestando em nossa vida.

Um dos primeiros efeitos está em nos fazer reconhecer o nosso pecado: "**E quando ele vier** (Espírito Santo), **convencerá o mundo a respeito do pecado, da justiça e do juízo. Convencerá o mundo do pecado, que consiste em não crer em mim**" (Jo 16,9). O pecado tem sua origem no pai da mentira, isto é, no diabo, daí Jesus revelar que "**quando vier o Paráclito, o Espírito da verdade ensinar-vos-á toda a verdade...**" (Jo 16,13). Não se trata mais da verdade das minhas conveniências, e sim da verdade de Jesus. Ser convencido do pecado, significa romper com o pecado para andar na luz.

A outra dimensão da ação do Espírito é a de ser suprimento para as nossas necessidades espirituais, emocionais e físicas. Em Jo 14,16, o Senhor Jesus prometeu: "**E eu rogarei ao Pai, e Ele vos dará um outro Paráclito, para que fique eternamente conosco**". A palavra Paráclito em grego significa "**alguém colocado ao nosso lado para nos ajudar**". O fluir do Espírito em nosso interior traz a certeza do auxílio do céu sempre presente em todas as circunstâncias. O Espírito passa a agir dando-nos ânimo, coragem, enfim força para viver com esperança. Esta é uma certeza dada pelo próprio Jesus: "**Quem crê em mim, como diz a Escritura: do seu interior manarão rios de água viva**" (Jo 7,38).

A terceira dimensão diz respeito ao efeito exterior. Trata-se de poder para viver a fé de modo sobrenatural e desassombrado. Depois de ter dito que esperassem a promessa do Pai, Jesus descreveu o que receberiam: "**Descerá sobre vós o Espírito Santo e vos dará força, e sereis minhas testemunhas ...até os confins do mundo**" (At 1,8). Esse novo poder traz ao cristão um desejo apaixonado de agradar a Jesus. E o que acontece? Com alegria possa seguir a ordem dada por Ele: "**Ide por todo o mundo e pregai o evangelho a toda criatura**" (Mc 16,15). Na força do Espírito e pela palavra pregada, o cristão vê a realização de sinais, prodígios e milagres, como resultado da própria promessa de Jesus: "**Estes milagres acompanharão os que crerem: expulsarão os demônios em meu nome, falarão novas línguas, manusearão serpentes, se beberem algum veneno mortal, não lhes fará mal; imporão as mãos aos enfermos, eles ficarão curados**" (Mc 16,17).

Quem sabe em sua mente, neste momento, não está surgindo uma ponta de dúvida, a ponto de dizer: parece loucura. Não permita que a sua mente e coração se fechem ao presente maravilhoso de Deus para a sua vida: o **Espírito Santo.** Lembre-se, os apóstolos conviveram durante três anos com Jesus, ouviram as suas palavras, viram os seus milagres e ainda assim, quando o mestre foi condenado e morreu na cruz, foram invadidos pela dúvida, pelo medo... Jesus ressuscitou, permaneceu com os seus por quarenta dias para reforçar a fé dos seus seguidores. Você não é melhor nem pior do que eles. Por isso, deixe Deus realizar a obra Dele em sua vida. Tenha presente as palavras de Pedro, em At 2,39:

"...A promessa é para vós, para os vossos filhos e para todos os que ouvirem de longe o apelo do Senhor, nosso Deus".

ESTUDO

1. Escreva o que você entendeu sobre a importância do Espírito Santo para a vida do cristão.

2. No Antigo Testamento, o Espírito Santo está presente desde o livro de............................no qual aparece principalmente em três referências ....,............e .... A mensagem destes textos é......................

3. No Antigo Testamento, o Espírito Santo é dado a algumas pessoas e por tempo determinado.
Verdade ( ) Mentira ( )

4. Por que o Senhor retirou o seu Espírito de Sansão e de Saul?

5. Deus prometeu o Espírito Santo no Antigo Testamento principalmente por meio dos ....

6. As principais profecias dizem respeito: (cite os textos memorizando-os)

a – Messias como doador do Espírito Santo: ....; ....; ....

b – como se daria o derramamento do Espírito: ....

c – a nossa transformação interior: ....; ....; ....

7. A vida de Jesus foi movida pela ação do Espírito Santo desde o seu nascimento como vemos escrito em ....e .... O início do seu ministério foi marcado por três manifestações do Espírito: ....; ....; ....

8. Quais os três efeitos principais do Espírito Santo para a nossa vida? Cite também os textos bíblicos?

a –..

b –..

c –..

9. Qual a lição deste estudo para a sua vida espiritual?

SUGESTÃO PARA FAZER UMA SEMANA DE ORAÇÃO PESSOAL:

— Comece com uma invocação do Espírito Santo feita com as suas palavras e complete, se desejar, com a oração apresentada abaixo.

— Leia o texto bíblico uma ou mais vezes para guardá-lo no coração.

— Após a leitura, faça uma pausa de silêncio para meditar sobre o que o Senhor deseja falar para a sua vida.

INVOCAÇÃO AO ESPÍRITO SANTO

Vem, Espírito Santo,
enche o coração de teus fiéis
e acende neles o fogo do teu amor;
envia o teu Espírito e tudo será criado
e renovarás a face da terra.

OREMOS:

Deus, que instruístes os corações dos teus fiéis
com a luz do Espírito Santo,
fazei que apreciemos retamente todas as coisas
segundo o mesmo Espírito
e gozemos sempre de sua consolação.
Por Cristo nosso Senhor.
Amém.

TEXTOS BÍBLICOS PARA A ORAÇÃO:

PRIMEIRA SEMANA

Primeiro dia: Ez 36,25-2
Segundo dia: Ez 37,1-6
Terceiro dia: Jl 3,1-5
Quarto dia: Jo 14,12-17
Quinto dia: Jo 16,5-11
Sexto dia: Rm 8,5-9
Sétimo dia: Ef 1,17-19

SEGUNDA SEMANA

Primeiro dia: Rm 8,11
Segundo dia: At 5,30-32
Terceiro dia: 1Cor 1,20-22
Quarto dia: Ef 4,3-6
Quinto dia: Jo 16,12-15
Sexto dia: Jo 14,25-27
Sétimo dia: Jo 7,37-39

Capítulo III

A chave para a vida no Espírito: efusão do Espírito[1]

Antes de voltar para o Pai, Jesus disse: "**João batizou na água, mas vós sereis batizados no Espírito Santo...**" (At 1,5). Nestas palavras, encontramos a revelação de como acontece o jorrar do Espírito Santo em nossa vida. À primeira vista pode parecer algo estranho, como se fosse um batismo diferente daquele que já recebemos. Entretanto, não existe nada de estranho à nossa fé católica; milhões de católicos, em nossos dias, estão experimentando um novo fogo de Pentecostes. Homens e mulheres de todas as classes sociais, pessoas de pouca instrução ou cultas, jovens e adultos são tocados pelo poder

---

1. Como veremos neste capítulo, o termo efusão do Espírito é mais apropriado do que batismo no Espírito. Segundo o ensino bíblico, o batismo cristão é batismo no Espírito. Para não criar uma confusão de termos, usaremos a palavra efusão. Por que o termo efusão do Espírito é melhor? Ele mostra com maior clareza o significado deste acontecimento: um liberar do Espírito Santo recebido na graça dos sacramentos de iniciação (batismo, eucaristia e crisma)

do alto e transformados em novas criaturas. Muitos estão voltando à Igreja, outros renovando o seu fervor. Enfim, um verdadeiro transbordar de vida, bênção, alegria cresce como um vento impetuoso nestes dias conturbados, em que tantos afirmavam Deus estar morto.

Algo está acontecendo. O Espírito de Deus está se movendo para avivar a chama da fé de todos os que sinceramente buscam ao Senhor. O erro de muitos cristãos talvez resida em catalogar e rotular a sua ou a vida espiritual dos outros. Em outras palavras, existem pessoas que afirmam "eu sou daquele movimento" ou "você é deste movimento". Tal atitude faz crescer os preconceitos de todos os lados. Como resultado as pessoas se fecham nas suas idéias, e isso cria uma Igreja feita de partidos e contendas.

O tema do batismo no Espírito tem sido apresentado como algo somente da renovação carismática. Existem aqueles que desconfiam tratar-se de uma doutrina vinda de fora da Igreja católica para desviar as suas ovelhas. Quantos olham para os carismáticos e os consideram cristãos folclóricos, como se não fossem tão católicos. Infelizmente, tais atitudes revelam desconhecimento da Escritura Sagrada e da própria história da Igreja.

ENTENDENDO O BATISMO NO ESPÍRITO

1. OS SACRAMENTOS DE INICIAÇÃO (BATISMO, CONFIRMAÇÃO E EUCARISTIA) E O BATISMO NO ESPÍRITO

Um primeiro ponto a ser esclarecido, de imediato é que o batismo no Espírito não é um acréscimo de algo em falta na nossa vida espiritual. Os evangelhos mostram uma evidente diferença entre o batismo de João Batista e o de Jesus Cristo. Em Mt 3,11, lemos: "**Eu** (João Batista) **voz batizo com água, em sinal de penitência, mas aquele que virá depois de mim é mais poderoso do que eu... ele vos batizará no Espírito Santo e em fogo**". O batismo de João não era definitivo e não podia dar nada aos que o recebiam, era somente simbólico. Aqueles que se submetiam a esse batismo o faziam como resposta à pregação de João e para se reconhecerem como pecadores. Jesus, ao submeter-se a esse batismo, deu o testemunho de ser Aquele que tira o pecado do mundo: "**No dia seguinte, João viu Jesus que vinha a ele, e disse: 'Eis o Cordeiro de Deus que tira o pecado do mundo'**" (João 1,29). No seu batismo, Jesus foi confirmado pelo Pai com a vinda do Espírito Santo: "**No momento em que Jesus saía da água, João viu os céus abertos, e descer o Espírito, em forma de pomba, sobre ele**" (Mc 1,10). Esta vinda do Espírito sobre Jesus inicia o novo tempo de salvação anunciado pelos profetas: "**Eis o meu servo que eu amparo, meu eleito ao qual dou toda a minha afeição, faço repousar sobre ele o meu Espírito, para que leve às nações a verdadeira religião**" (Is 42,1).

Não somos primeiro batizados no batismo de João para depois receber o batismo no Espírito, como se existissem duas bênçãos separadas. A partir do nosso batismo, que é o batismo ordenado por Jesus, o Espírito Santo passa a habitar em nós, como nos garante At 2,38: "**Arrependei-vos, e cada um de vós seja batizado em nome do Senhor Jesus Cristo para a remissão dos pecados, e recebereis o dom do Espírito Santo**". Outras passagens de Atos confirmam esta ligação entre o Espírito Santo e o batismo. Na casa de Cornélio durante a pregação de Pedro é revelado claramente que aqueles que receberam o Espírito Santo foram imediatamente batizados. "**Estando Pedro ainda a falar, o Espírito Santo desceu sobre todos os que ouviam a santa Palavra... e mandou que fossem batizados em nome de Jesus Cristo**" (At 10,44.48a). Quando Paulo visitou Éfeso e soube que aqueles discípulos haviam sido batizados somente no batismo de João, imediatamente ordenou um novo batismo em nome de Jesus, no qual receberam o Espírito Santo. "**...Foram batizados em nome do Senhor Jesus, e quando Paulo lhes impôs as mãos, o Espírito Santo desceu sobre eles...**" (At 19,5-6). No livro de Atos e na crença dos primeiros cristãos fica evidente a verdade: **depois de Pentecostes o Espírito Santo sempre está unido ao batismo de água.** O batismo de água e o batismo no Espírito Santo não são dois acontecimentos diferentes entre si.

O batismo nos torna cristãos, e para tal precisamos do Espírito Santo, pois "**se alguém não possui o Espírito de Cristo, este não é dele**" (Rm 8,9b). Neste mesmo Espírito Santo, recebido no sacramento do batismo, somos introduzidos na Igreja, segundo as palavras de 1Cor 12,13: "**Em um só Espírito fomos batizados todos nós, para formar um só corpo...**" (para São Paulo, corpo é uma das figuras para falar da Igreja que tem como cabeça a Cristo). Todo batizado é uma morada do Espírito Santo. É um privilégio e uma responsabilidade diante de Deus. Trata-se de um privilégio por ser um dom gratuito de Deus, não depende de nós, ou da santidade do ministro do batismo, pois quem batiza é Jesus Cristo. Significa uma responsabilidade, porque o Espírito Santo não age por estar em nós, mas com o nosso consentimento e participação. Tem de existir uma sincronia entre a ação de Deus e a resposta do homem. O que acontece na maioria das vezes é a quebra desta sincronia. O batismo acaba sendo uma tradição morta, ao invés de ser a posse real do poder da cruz. "**Fomos, pois, sepul-**

tados com ele na sua morte pelo batismo, para que, como Cristo ressurgiu dos mortos pela glória do Pai, assim nós também vivamos uma vida nova" (Rm 6,4). Infelizmente, muitas crianças são batizadas por pais e padrinhos sem uma relação pessoal com Jesus e a Igreja. A conseqüência manifesta-se nos dois outros sacramentos de iniciação: a primeira comunhão, ao invés de significar a participação no banquete em que recebemos o alimento que renova o Espírito, o corpo e o sangue daquele que batiza com o Espírito Santo, não passa de uma cerimônia a mais; a crisma, para um bom número de jovens, acaba sendo uma obrigação cansativa, ao invés de ser o desejo de confirmar o Espírito Santo recebido no batismo, e o compromisso de ser uma testemunha de Jesus diante dos homens. O sacramento do crisma deveria ser a ocasião para uma total abertura pessoal ao Espírito Santo, e assim despertar o fogo de Pentecostes. Não é o que acontece para um bom número de crismandos. Daí nasce a importância de avivar ou renovar a chama do dom recebido na graça dos sacramentos. A verdadeira vida cristã é aquela na qual existe uma experiência diária do Espírito Santo, como fonte de uma vida abundante. Neste Espírito, o apóstolo Paulo nos exorta fortemente: "**Não vos embriagueis com vinho, que é uma fonte de devassidão, mas enchei-vos do Espírito**" (Ef 5,18).

PENTECOSTES: A INAUGURAÇÃO DO BATISMO NO ESPÍRITO

A realização da promessa de Jesus sobre o batismo no Espírito deu-se em Pentecostes. Neste dia a Igreja foi inaugurada e confirmada por Deus diante dos homens. Aí aconteceu o batismo no Espírito da própria Igreja, como sinal daquela realidade necessária para todos os discípulos de Cristo.

A descrição de Atos 2 nos mostra como se deu a realização da promessa do derramar do Espírito Santo:

"Chegando o dia de Pentecostes, estavam todos reunidos no mesmo lugar" (At 2,1).

Até esse momento a festa era celebrada para agradecer a Deus os frutos das colheitas, na qual os agricultores apresentavam e ofereciam a Deus os primeiros frutos. Era um dia de alegria e ação de graças. O Senhor escolhe essa ocasião para enviar o Espírito Santo. A Igreja se transforma no novo eleito, em que estarão recolhidos os novos frutos da colheita divina, isto é, os homens e mulheres renovados pela unção do Espírito.

Esse primeiro Pentecostes não será mais repetido, mas o seu espírito sim. O que aconteceu aí revela como podemos manter aberta a porta do cenáculo e fazer da nossa vida cristã um contínuo Pentecostes. Esta é a vontade de Deus para todos. Não podemos esquecer as palavras de Pedro, dirigidas à multidão atraída pelo que estava acontecendo na sala do cenáculo: **"Todo o que invocar o nome do Senhor será salvo"** (At 2,21), e **"...A promessa é para vós, para os vossos filhos e para todos os que ouvirem de longe o apelo do Senhor, nosso Deus"** (At 2,39). E não só isso, é a experiência necessária para que a Igreja não seja formada somente de pessoas com boas intenções, mas sem verdadeiro poder. A vida cristã deve ser um contínuo despertar da presença de Deus, na qual sentimos a sua ação poderosa dando-nos coragem e inspiração.

Quando chegou o dia determinado por Deus, àqueles primeiros seguidores de Jesus não estavam em qualquer lugar. O Senhor lhes havia ordenado **"...que não se afastassem de Jerusalém, mas que esperassem a realização da promessa do Pai..."** (At 1,4). Ali estavam eles na sala do cenáculo. Porém, não estavam reunidos conversando sobre os mais diferentes assuntos. O que os entretinha? **"Tendo entrado na cidade, subiram à sala superior, onde habitualmente ficavam. Todos, unânimes, eram assíduos à oração..."** (At 1,13-14). Pentecostes acontece na Igreja ou individualmente em nossa vida quando existe verdadeira busca de Deus na Oração. Não se trata de qualquer oração, mas daquela capaz de liberar "**rios de água viva**", fazendo a Igreja e a nossa vida pessoal despertar para um novo vigor espiritual. A oração que deseja ardorosamente o presente de Deus: o Espírito Santo.

É importante entender que a vinda do Espírito Santo está unida a três ingredientes indispensáveis: **Obediência a Jesus ("ordenou-lhes... que esperassem o cumprimento da promessa de seu Pai"**, At 1,4) + **oração incessante** + **unidade ("...estavam todos reunidos no mesmo lugar")**. O mal de muitos cristãos é não entender este último ponto: a unidade. Se queremos a vinda do Espírito, e não somente isso, mas que permaneça, é necessário superar as diferenças de pensamento e interesses para viver a comunhão. A falta de poder e vigor espiritual na vida de muitos cristãos vem da desunião. O milagre do Espírito Santo não é todos pensarem do mesmo modo, mas criarem um clima de amor, respeito e cordialidade entre os que são realmente do Senhor. Uma das provas da presença do Espírito Santo é esta atitude nova na convivência com as pessoas, mesmo aquelas que não são de nossa religião, condição social ou cultura.

"De repente veio do céu um ruído, como se soprasse um vento impetuoso, e encheu toda a casa onde estavam sentados" (At 2,2).

Aparentemente era um dia tranqüilo, e eis que de modo repentino algo acontece: "**um ruído**"... "**um vento impetuoso**". Estes sinais lembram a maneira extraordinária como Deus falou no passado, quando foi dada a sua lei no monte Sinai. **"O som da trombeta soava ainda mais forte, Moisés falava e os trovões divinos respondiam-lhe"** (Ex 19,19). E por que essa semelhança? A festa de Pentecostes dos judeus, além de ser uma ocasião de alegria pelas colheitas, recordava dois acontecimentos maravilhosos. O primeiro dizia respeito à ação poderosa da mão do Senhor em favor dos israelitas: **"Lembra-te de que foste escravo no Egito, e cuida de observar estas leis"** (Dt 16,12). Era ocasião para lembrarem também do compromisso feito de serem um povo consagrado: **"Neste dia anunciareis a festa e convocareis uma santa assembléia: Não fareis trabalho algum servil. Isto é uma lei perpétua para vossos descendentes, em qualquer lugar onde habitardes"** (Lv 23,21).

No Pentecostes cristão foi confirmada a obra de Jesus. A lei de Deus não mais é apresentada em tábuas de pedra, passa a ser escrita no coração dos homens. **"Eis a aliança que então farei com a casa de Israel — Oráculo do Senhor —, incutir-lhe-ei a minha lei; gravá-la-ei em seu coração. Serei o seu Deus e Israel será o meu povo"** (Jr 31,33). O que o homem não havia sido capaz de fazer, isto é, de viver plenamente a lei de Deus, é superado pelo fluir interior do poder do Espírito aí liberado.

O vento impetuoso é a recordação forte de que a presença de Deus em nossa vida não é algo qualquer. Quando Ele está presente, despedaça toda dureza ou frieza espiritual. Levanta a poeira da fé morna ou morta. Naquela sala do cenáculo, algo forte sacudiu a vida daquelas pessoas. O vento do Espírito está soprando na vida de todos aqueles que estão prontos a permitir a sua ação.

"Apareceram-lhes então uma espécie de línguas de fogo, que se repartiram e repousaram sobre cada um deles" (At 2,3).

O fogo é outro símbolo da manifestação forte da presença de Deus. Nessa imagem é revelada a forma como o Espírito Santo deseja agir. O fogo serve para queimar; quando o Espírito de Deus se move, purifica do pecado e santifica. O fogo serve para iluminar; quando o poder do Alto vem, ilumina todas as trevas da mentira, levando a verdade de Jesus. O fogo serve para aquecer; quem de fato é do Senhor o coração de vibra de entusiasmo por Ele.

A verdade do que acabamos de falar fica comprovada na alegria fora do comum das pessoas reunidas no cenáculo, a ponto de fazer o povo de Jerusalém exclamar: **"...Estão embriagados de vinho doce"** (At 2,13). Entretanto, mais marcante é a coragem da qual Pedro se revestiu para pregar, **"e naquele dia elevou-se a mais ou menos três mil o número de adeptos"** (At 2,41b). Ele foi curado do medo de testemunhar quem era Jesus e transformou-se em um gigante da fé. Esse clima de fervor não foi algo de uma ou duas pessoas, mas de todos os que receberam a plenitude do Espírito. A mudança ocorrida nessas pessoas não foi somente religiosa, aconteceu o milagre da integridade total dessas vidas. O fogo do Espírito gerou novas criaturas, no espírito, na alma e no corpo. Deixaram de ser escravas do pecado, das fraquezas, inseguranças, sendo capacitadas a viver com uma nova alegria e coragem.

"Ficaram todos cheios do Espírito Santo, e começaram a falar em outras línguas, conforme o Espírito Santo lhes concedia que falassem" (At 2,4).

Finalmente estava acontecendo o que Deus havia falado no passado por meio dos profetas e que Jesus prometera durante o seu ministério entre os homens. Todos os que estavam na sala do cenáculo receberam de um modo pleno e transbordante a ação do Espírito Santo. Olhando somente com a visão da lógica humana, parece algo louco e sem sentido. Entretanto, tais fatos foram a realização principalmente do que está escrito em Joel 3,1ss. "...**Derramarei o meu Espírito sobre todo ser vivo. Vossos filhos e vossas filhas profetizarão; vossos anciãos terão sonhos, e vossos jovens terão visões...**", como o próprio Pedro pregou, em Pedro, At 2,16-20. Sem dúvida alguma tratou-se de algo sensível e visível, caso contrário não teria despertado a atenção dos peregrinos de Jerusalém. "**Ouvindo aquele ruído, reuniu-se muita gente e maravilhava-se de que cada um os ouvia falar em sua própria língua**" (At 2,6). O som que chamou a atenção foi também o despertar das profundezas da fé. Cheios do Espírito Santo vibravam em louvores e cânticos ao Deus Altíssimo. O entusiasmo chamou a atenção, pois eram cerca de nove horas da manhã. A essa hora era costume dos judeus se dedicarem à oração, por isso não comiam ou bebiam líquido algum. A manifestação de Deus é realmente desconcertante, ela libera o nosso coração e mente do falso respeito humano que nos impede de exteriorizar a nossa fé às outras pessoas. Quando o Espírito de Deus vem, não perdemos o nosso controle, porém somos tocados por uma nova vibração interior e exterior. A fé deixa de ser algo sem sentido ou rotineiro, para transformar-se em uma experiência quente, cheia de entusiasmo. Passamos a chamar a atenção, não porque somos exóticos ou estranhos, e sim pela forma alegre como vivemos e celebramos a nossa fé. A conseqüência será natural, muitos serão levados a um encontro renovado com Deus, enquanto outros vão olhar com desdém, dizendo que tudo não passa de exagero. O que importa é possuir a tranqüilidade, como Pedro, de transmitir que a plenitude do Espírito não é a fruto da imaginação humana. O livro de Atos é claro no sentido de afirmar a necessidade de todo cristão buscar o poder do Alto. É ele quem dá o dinamismo da nossa vida espiritual.

Existe neste versículo um fato estranho: "**...Começaram a falar em outras línguas...**". Do que se trata? Segundo o verbete da Bíblia de Jerusalém: "**O milagre de Pentecostes assemelha-se ao carisma da glossolália** (dom de línguas), **freqüente nos primórdios da Igreja:** ver At 10,46; 11,15; 19,6; 1Cor 12-14; cf. Mc 16,17." Não nos alongaremos aqui sobre este ponto que será aprofundado no capítulo sobre os dons extraordinários do Espírito. O importante é ter ciência de que é algo vindo de Deus, entre os muitos presentes que Ele tem para nos dar.

A lição deste capítulo é evidente: ser batizado no Espírito, para aquele que um dia foi batizado, significa liberar o Espírito Santo já recebido no batismo, alimentado na Eucaristia e confirmado no Crisma. É uma renovação mais madura dos sacramentos, uma adesão pessoal à sua graça, para permitir a Jesus ter o controle de nossas vidas, sendo realmente nosso Senhor e Salvador. Esta verdade vale tanto para aqueles que estão afastados de toda prática religiosa, como para aqueles que participam da Igreja. Nos dois casos, ocorre uma reviravolta, pela explosão de um novo fervor espiritual, um novo relacionamento conosco e com as pessoas e um desejo sempre maior de levar todos a um encontro com Jesus Cristo e a Sua Igreja.

ESTUDO

1. O batismo no Espírito Santo é uma dinâmica criada por um movimento cristão: Certo ( ) Errado ( )

2. O batismo de João Batista:
– tinha o poder de perdoar os pecados ( )
– era o primeiro passo para seguir Jesus ( )
– era somente um sinal de penitência ( )
– já era o batismo cristão ( )
Para confirmar a sua resposta complete com um texto bíblico ....

3. Segundo o que Jesus nos diz em At 1,4 .... e pela resposta dada por Pedro à multidão em At 2,38 .... recebemos o Espírito Santo em nosso ....

4. Existem duas bênçãos separadas, isto é, uma recebida no batismo com água e outra para o batismo no Espírito?

5. A partir do batismo tornamo-nos ...., e para sê-lo precisamos do ...., pois " .... " (Rm 8,9b).

6. No mesmo Espírito Santo recebido no batismo tornamo-nos membros da .... pelas palavras de 1Cor 12,13: " .... "

7. Onde aconteceu a realização da promessa do batismo no Espírito? Copie o texto bíblico.

8. A partir desse acontecimento o batismo no Espírito passou a ser associado a que ato religioso? Existem passagens da escritura confirmando a sua resposta?

SUGESTÃO PARA ORAÇÃO:

— Comece com uma oração espontânea pedindo uma renovação espiritual e complete com a invocação ao Espírito Santo. Não tenha pressa em dar o passo seguinte.

— Leia o texto bíblico uma ou mais vezes para inundar o seu coração com as suas palavras; em seguida fique em silêncio meditando.

— Faça uma prece demorada pedindo a posse do que foi lido.

INVOCAÇÃO AO ESPÍRITO SANTO

Vem, Espírito Santo,
enche o coração dos teus fiéis
e acende neles o fogo do teu amor,
envia o teu Espírito e tudo será criado.
E renovarás a face da terra.

Oremos:

Deus, que instruíste os corações dos teus fiéis
com a luz do Espírito Santo,
faze que apreciemos retamente todas as coisas
segundo o mesmo Espírito
e gozemos sempre de tua consolação
por Cristo nosso Senhor.

Amém.

TEXTOS PARA ORAÇÃO

PRIMEIRA SEMANA

Primeiro dia: Mc 1,6-8
Segundo dia: Lc 3,15-17
Terceiro dia: Jo 1,29-34
Quarto dia: Lc 24,44-49
Quinto dia: Jo 20,19-22
Sexto dia: At 1,4-5
Sétimo dia: At 2,1-4

SEGUNDA SEMANA

Primeiro dia: Jo 3,1-5
Segundo dia: Jo 3,6-8
Terceiro dia: Rm 12,1-2
Quarto dia: Ef 2,4-7
Quinto dia: Cl 3,7-11
Sexto dia: Tt 3,4-7
Sétimo dia: At 2,1-4

Capítulo IV

A evidência da efusão do Espírito: Primeira parte

Estamos diante de uma realidade fundamental da nossa experiência do Espírito, isto é, da sua razão de ser em nossa vida cristã. A efusão do Espírito tem um propósito muito claro no plano de Deus: dar uma completa transformação em nossa vida espiritual, tornando-nos verdadeiros discípulos de Jesus Cristo. A questão é: como saber se recebemos ou não esta plenitude do Espírito? Qual a evidência de que de fato nascemos de novo e somos novas criaturas? Quando examinamos as escrituras, encontramos principalmente dois efeitos: **Nova capacidade para testemunhar e o fruto do Espírito.**

TESTEMUNHO

Para a maioria das pessoas, ser cristão significa receber os sacramentos e assistir à missa aos domingos. O cristianismo passa a ser somente uma cerimônia em que são realizados alguns atos religiosos sem influência real na vida da pessoa que os recebe. Deste modo, a fé não é capaz de mudar nada na vida do indivíduo e muito menos no mundo ao seu redor. Aquele que assim vive não sente a necessidade de exteriorizar a sua crença. A fé é vista apenas como fruto da sua relação com Deus, sem ligação com o próximo ou o seu dia-a-dia. A religião é usada para buscar um consolo egoísta e individual sem compromisso com o Reino de Deus. É um cristianismo morto, porque não leva aquele que se diz cristão a viver de modo sobrenatural.

A IMPORTÂNCIA DO TESTEMUNHO

Quando examinamos as escrituras, logo entendemos um ponto fundamental do cristianismo: ele é fruto do testemunho da mudança de vidas e da certeza de que Deus Pai ressuscitou ao Seu Filho. Na pregação de Pentecostes, Pedro, o outrora covarde, proclama com toda a coragem: **"A este Jesus Deus o ressuscitou: do que todos nós somos testemunhas"** (At 2,32). Para os primeiros cristãos, o testemunho era algo normal e natural na prática da fé. Esta atitude de falar de Cristo era um compromisso levado ao extremo, a ponto de não terem medo de perder a própria vida. Entre os muitos exemplos estão as palavras de Pedro e João diante das ameaças de prisão por parte dos chefes de Jerusalém: **"Não podemos deixar de falar das coisas que temos visto e ouvido"** (At 4,20).

O Senhor Jesus, ao explicar a obra do Espírito Santo na vida do cristão, não deixou margens a dúvidas: **"Quando vier o Paráclito (o Espírito Santo), que vos enviarei da parte do Pai, o Espírito da verdade, o qual procede do pai, dará testemunho de mim. Também vós dareis testemunho, porque estais comigo desde o princípio"** (Jo 15,26-27). Já ressuscitado, estando para voltar para junto do Pai, deu uma palavra definitiva, para que seus seguidores soubessem reconhecer se estavam ou não vivendo na unção do Espírito: "**Descerá sobre vós o Espírito Santo e vos dará força, e sereis minhas testemunhas em Jerusalém, em toda a Judéia e Samaria e até os confins do mundo**" (At 1,8). O entusiasmo dos primeiros cristãos em falar da sua fé nada mais era do que a realização das palavras de Jesus, a evidência sensível e visível da verdadeira vida no Espírito.

O que foi falado dos primeiros cristãos continua válido para todos os tempos, isto é, o testemunho é parte essencial da vivência de todo aquele que deseja seguir a Jesus Cristo. Sem o testemunho, a vida cristã torna-se vazia e sem sentido, pois não revela a transformação do nosso ser pelo poder de Deus. Quando alguém se diz cristão, mas não assume a sua fé com alegria, ainda não teve um encontro real com aquele que muda as nossas vidas. O testemunho para o cristão cheio do Espírito é como o ar que respira, é uma questão de vida ou morte para a autenticidade da sua experiência espiritual. Em todos os momentos ou em qualquer lugar é preciso ter presente as palavras de 1Pd 3,15b: "**Estai sempre prontos a responder para vossa defesa todo aquele que vos pedir a razão de vossa esperança, mas fazei-o com suavidade e respeito**"; jamais esquecendo que Jesus confiou a seus seguidores a missão de levar a salvação a todos os homens (cf. Mt 28,19-20), como seus embaixadores (cf. 2Cor 5,20).

COMO TESTEMUNHAR

O ponto de partida para um testemunho eficaz é a nossa própria vida mudada pelo poder de Deus.

Não se trata de uma mera mudança da aparência exterior, mas uma fé testemunhada por uma conduta nova. O Senhor Jesus disse: "**Brilhe a vossa luz diante dos homens para que vejam as vossas boas obras, e glorifiquem vosso Pai que está nos céus**" (Mt 5,16). Em outras palavras, o que falamos e vivemos no relacionamento do dia-a-dia deve ser capaz de demonstrar Jesus em nós e despertar o interesse dos outros por Ele. As nossas atitudes são o passaporte para dar crédito para a verdade da mensagem cristã. Aquele que deseja alcançar as pessoas para Jesus precisa estar atento ao seu comportamento pessoal, familiar, profissional e como está dentro da Igreja com os seus pastores e irmãos de fé. Não basta levar as pessoas para dentro de uma igreja, é preciso conservá-las aí. O nosso testemunho de vida será acompanhado pela autenticidade dos nossos atos. É deste modo que São Pedro aconselhava as mulheres a conquistarem seus maridos para a fé: "**Vós, também, ó mulheres, sede submissas aos vossos maridos. Se alguns não obedecem à Palavra, serão conquistados, mesmo sem a Palavra da pregação, pelo simples procedimento de suas mulheres...**" (1Pd 3,1). Não significa que devemos esperar a perfeição, para então começar a testemunhar; as pessoas precisam ver em nós o desejo sincero de acertar, mesmo se as vezes erramos. O grave é tentar apresentar uma falsa santidade que depois na convivência leva à decepção.

O segundo elemento de um testemunho é uma apresentação simples da Palavra de Deus. Normalmente esse momento tem sido usado para criticar a religião da pessoa ou levá-la a um sentimento de culpa. Se queremos de fato anunciar a boa nova, temos de pedir a ajuda do Espírito Santo, para que a nossa exposição reflita aquilo que Deus deseja, para aquele a quem estamos testemunhando. Não podemos fazer do testemunho um cavalo de batalha, para demonstrar a superioridade da nossa crença. Tal atitude é própria daqueles que têm o interesse em engordar igrejas ou buscam a satisfação da sua vaidade, e não são movidos pelo desejo sincero de salvar almas. Em Fl 2,3 está escrito: "**Nada façais por Espírito de partido ou vanglória, mas que a humildade vos ensine a considerar os outros superiores a vós mesmos**".

SUGESTÃO PARA UMA EXPOSIÇÃO BREVE DA PALAVRA

O drama de muitos cristãos sinceros é como e o que apresentar da Palavra de Deus no testemunho, para que o Senhor seja exaltado e a pessoa salva.

Quando se trata de um primeiro encontro, não podemos ser longos ou cansativos em nossa exposição. As nossas palavras devem despertar na pessoa o interesse de ouvir mais em outra ocasião.

O que vamos apresentar a seguir é um exemplo a ser adaptado de acordo com a ocasião, que não deve ser usado como uma fórmula mecânica em que a pessoa não sinta espontaneidade.

Depois de ter falado da mudança de sua vida, faça uma ligação com a obra de Deus para todos os homens. Você pode começar dizendo:

"O que você acabou de ouvir sobre a minha vida pode acontecer também na sua: **Você é alguém especial para Deus, pois ele enviou seu Filho Jesus pensando em você.** Esta certeza está escrita em Jo 3,16: "**Com efeito, de tal modo Deus amou o mundo, que lhe deu seu Filho único, para que todo o que nele crer não pereça, mas tenha a vida eterna**". Repare como aí está apresentado o desejo de Deus. E que você tenha força para viver, e para isso te ofereceu aquilo que tinha de melhor, isto é, o seu próprio filho. Existe uma passagem que ajuda a descobrir em profundidade o que Deus fez por nós em Jesus, trata-se de Rm 5,8: "**Eis aqui uma prova brilhante do amor de Deus por nós: quando éramos ainda pecadores, Cristo morreu por nós**" Deus não ficou somente nas palavras, mas foi ao extremo permitindo que Jesus morresse em nosso lugar na cruz.

Talvez você pergunte: **Por que Jesus morreu na cruz?** A Bíblia nos diz que Deus fez o homem e a mulher à sua imagem e semelhança (cf. Gn 1,27) e passaram a morar no Paraíso, um lugar belo no qual reinava somente a felicidade. O Senhor havia dado uma ordem: "**Podes comer do fruto de todas as árvores do jardim; mas não comas do fruto da árvore da ciência do bem e mal; porque no dia em que dele comeres, morrerás...**" (Gn 2,16-17). O que fez o homem? Em Gn 3 está revelado que o homem preferiu desobedecer a Deus, aí entrou em cena o pecado. Com o pecado, o homem ficou com uma dívida para com Deus e separou-se Dele. Como o pecado entrou por meio de um homem, seria necessário um outro homem para saldar a dívida. Entretanto, não poderia ser um homem trazendo a marca do pecado.

Então o próprio **Deus providenciou a solução enviando seu filho feito homem.** Na cruz, Jesus ocupou o lugar que cabia a nós, o justo morreu pelos injustos. A morte de Jesus não foi somente uma representação, mas tem o poder de dar ao homem o que aconteceu no Calvário: **uma nova vida.** Em 1Pd 2,24 lemos: "**Carregou os nossos pecados em seu corpo sobre o madeiro, para que, mortos aos nossos pecados, vivamos para a justiça. Por fim por suas chagas fomos curados**". Jesus levou para a cruz o pecado e tudo o que destrói a nossa vida impedindo a nossa felicidade. Ele carregou sobre si as nossas tristezas, erros, fraquezas, vícios, enfermidades... para que, uma vez mortos para estas realidades, fôssemos abençoados para sempre. Em Jesus, encontramos a porta para começar a viver abundantemente.

O QUE VOCÊ TEM DE FAZER PARA RECEBER ESTA VIDA MELHOR?

a — At 2,38 diz: "**Arrependei-vos...**", em outras palavras é preciso estar disposto a mudar de vida e voltar para Deus.

b — O versículo continua: "**...E cada um de vós seja batizado em nome de Jesus Cristo para a remissão dos pecados, e recebereis o dom do Espírito Santo**". Explique à pessoa que, se ela já foi batizada, então possui o Espírito Santo; agora é preciso pedir uma efusão, ou seja, que este Espírito recebido no batismo possa agir com liberdade.

Dadas essas explicações, chegou a hora da decisão: **Você quer receber tudo isso que acabou de ouvir?** Em caso afirmativo, peça para a pessoa curvar a cabeça e fechar os olhos repetindo estas ou outras palavras:

Pai de amor,
eu reconheço que sou pecador,
e arrependo-me de ter ofendido a ti,
desejo começar uma nova vida com teu auxílio.
Em nome de Jesus,
que morreu por mim na cruz,
purifica-me das minhas faltas e enche-me
com o teu santo Espírito.
Amém.

Demonstre amor pela pessoa colocando a mão sobre o seu ombro e reze pedindo o Espírito Santo:

**Pai querido,
sei que (diga o nome da pessoa)
já recebeu o Espírito Santo na graça do seu batismo,
por isso eu te peço
que da ponta dos cabelos
à ponta dos pés
ela seja mergulhada nesta unção
para que possa manter a decisão de seguir
a Jesus e assim ser feliz.**

ESTUDO

1. Qual o sinal de que recebemos a plenitude do Espírito? (para responder, leia Jo 15,26-27).

2. O que estes versículos revelam sobre a importância de testemunhar?
a – 1Pd 3,15:
b – Mt 5,16:
c – At 1,8

3. Escreva com as suas palavras aquilo que você crê que Jesus está fazendo em sua vida.

4. Acrescente ao seu testemunho textos da Palavra como se você estivesse falando com uma outra pessoa sobre as maravilhas de Deus.

SUGESTÃO PARA ORAÇÃO:

— Comece com a invocação ao Espírito Santo.

— Leia com atenção o texto bíblico e com a suas palavras reze pedindo ao Senhor que desperte um verdadeiro espírito de testemunho em sua vida para que através de você muitos possam ser salvos.

INVOCAÇÃO AO ESPÍRITO SANTO

Vem, Espírito Santo,
enche o coração de teus fiéis
e ascende neles o fogo do teu amor,
envia o teu Espírito Santo e tudo será criado
e renovarás a face da terra

Oremos:

Deus, que instruíste os corações dos teus fiéis
com a luz do Espírito Santo,
faze que apreciemos retamente todas as coisas
segundo o mesmo Espírito
e gozemos sempre de sua consolação
por Cristo nosso Senhor.

Amém.

TEXTOS PARA ORAÇÃO

Primeiro dia: At 1,6-11
Segundo dia: At 4,29-31
Terceiro dia: At 10,34-43
Quarto dia: 2Tm 1,6-12
Quinto dia: 2Tm 2,1-10
Sexto dia: At 2,32-36
Sétimo dia: Jo 20,19-22

Capítulo V

A evidência da efusão do Espírito: fruto do Espírito

Há cristãos que imaginam a vida do Espírito como o fim de todo problema com o pecado, as fraquezas ou dificuldades de ordem espiritual, emocional ou física. Essa é uma armadilha sutil para perder em pouco tempo o poder recebido; batismo no Espírito não é um passe de mágica para nos transformar em super-homens da fé; na verdade é o início do aprendizado para viver a liberdade recebida gratuitamente pela infinita misericórdia de Deus em Jesus Cristo: "**É para que sejamos livres, que Cristo nos libertou. Ficai, portanto, firmes e não vos submetais outra vez ao jugo da escravidão**" (Gl 5,1). De que escravidão está falando o apóstolo Paulo? A escravidão do pecado em que o homem deixa-se guiar pela carne e "**os que vivem segundo a carne não podem agradar a Deus.**" (Rm 8,8). A carne é a nossa herança da natureza humana decaída pelo pecado do primeiro Adão; já o Espírito é o poder do alto despertado quando nascemos de novo. "**Vós, porém, não viveis segundo a carne, mas segundo o Espírito, se realmente o Espírito de Deus habita em vós**" (Rm 8,9).

Quando o Espírito Santo é liberado de um modo mais forte, começa em nosso interior uma batalha entre a velha natureza carnal e a nova natureza do espírito. Mesmo tendo recebido uma efusão do Espírito, o cristão não está isento da luta interior; e o pior, quando não se entende o que realmente significa viver no Espírito, sempre existe o risco de voltar à antiga vida. É o alerta feito por Paulo em Gl 3,3: "**Sois assim tão levianos? Depois de terdes começado pelo Espírito, quereis agora acabar pela carne"**. Então não existe saída? A nossa tendência carnal foi vencida na cruz de Cristo, cabe a nossa parte da batalha: "**deixai-vos conduzir pelo Espírito, e não satisfareis aos apetites da carne**" (Gl 5,16). A vida no Espírito não pode ser construída por meio da falsa segurança espiritual de sermos superiores aos demais homens. A auto-suficiência ou a soberba espiritual não são próprias dos verdadeiros seguidores de Cristo. A vida cristã autêntica é alicerçada com uma base sólida na Palavra que ensina: "**Trabalhai na vossa salvação com temor e tremor...**" (Fl 2,12). Em outras palavras, o cristão cheio do Espírito vigia o seu próprio procedimento para não se desviar da meta proposta em Cristo Jesus, nosso Senhor e Salvador.

Nenhuma passagem da Palavra revela de modo tão evidente a diferença entre o cristão carnal e aquele mergulhado realmente na unção do Espírito como Gl 5,19-26. Aí temos o contraste entre as **obras da carne e o fruto do Espírito.** Paulo primeiro apresenta detalhadamente não somente o conflito carne-espírito, mas uma relação das atitudes ou relacionamentos contrários ao que significa andar no Espírito **(obras da carne):** a seguir, revela a obra que o Espírito Santo deve produzir em nós com nossa participação **(fruto do Espírito).**

AS OBRAS DA CARNE

Em Gl 5,19-21a lemos: "**Ora, as obras da carne são estas: fornicação, impureza, libertinagem, idolatria, superstição, inimizades, brigas, ciúmes, ódio, ambição, discórdias, partidos, invejas, bebedeiras, orgias e outras coisas semelhantes**". O que está aí apresentado é visto por muitos como defeitos naturais da nossa natureza humana; todavia, a palavra diz o contrário: "**Dessas coisas vos previno, como já vos preveni: os que as praticarem não herdarão o reino de Deus**" (Gl 5,21b).

O grande obstáculo para o crescimento na plenitude do Espírito é permitir que a carne ainda tenha vez e voz em nossas decisões. É importante gastar um bom tempo diante do Senhor com esta lista das obras da carne pedindo que o Espírito Santo nos revele quais ainda estão presentes em nossa vida. E esta atitude é importante durante toda a nossa peregrinação terrena para que não venhamos a perder o lugar preparado por Jesus na pátria celestial. Muitos cristãos começam bem a vida nova em Cristo, mas acabam perdendo a força espiritual porque vão cedendo a certas tentações ou se deixam dominar por sentimentos próprios daqueles que são do mundo.

Para facilitar o nosso estudo das obras da carne podemos dividi-las em três grupos:

A — A DIMENSÃO DA SENSUALIDADE OU SEXO

Ao falar desta dimensão, não podemos cair no engano de imaginar que o sexo seja algo ruim ou pecaminoso. Com a Bíblia aprendemos que o sexo foi criado por Deus num contexto preciso que é o casamento. O ajuste do casal passa pela harmonia sexual, e o sexo não pode ser a principal preocupação, mas é um componente importante da união do homem e da mulher. Em 1Cor 7,3-5 encontramos uma orientação clara para a questão do sexo no casamento: "**O marido cumpra o seu dever para com a sua esposa e da mesma forma também a esposa para com o marido. A mulher não pode dispor de seu corpo: ele pertence ao seu marido, e da mesma forma o marido não pode dispor do seu corpo: ele pertence a sua esposa. Não vos recuseis um ao outro, a não ser de comum acordo, por algum tempo, para vos aplicardes à oração: e depois retornais um ao outro, para que não vos tente Satanás por vossa incontinência**"

Quando não se tem o sentido do valor do nosso corpo, da família como instituição criada por Deus, e o sentido do sexo como uma das áreas a ser cuidada com atenção na vida a dois, o resultado é:

— **Fornicação:** relação sexual entre pessoas não casadas.

— **Impureza:** todo comportamento anormal em relação ao sexo, transformando-o na realidade mais importante da vida.

— **Libertinagem:** sensualidade levada ao extremo a ponto de achar natural toda e qualquer exposição provocativa do corpo ou relações sexuais.

B — DIMENSÃO DA RELIGIOSIDADE

A vida religiosa pode ser uma obra da carne tão grave quanto a imoralidade ou o desamor. O culto a Deus não pode estar ligado a nada que possa tirar a sua glória e majestade. A nossa decisão de começar uma vida nova significa romper com antigas crenças para seguir somente o que está na Palavra, e nela está escrito: **"Não adorarás a nenhum outro deus, porque o Senhor, que se chama o Zeloso, é um Deus Zeloso"** (Ex 34,14).

Paulo apresenta dois desvios religiosos perigosos que talvez ainda estivessem presentes entre os gálatas:

— **Idolatria:** no sentido amplo é a adoração que é feita a objetos, instituições, pessoas, a ambição desmedida, a busca do dinheiro a qualquer preço e até a supervalorização do prazer ou das diversões a ponto de ocuparem na vida dos homens o lugar devido a Deus. No sentido religioso, idolatria é atribuir poder divino a algo além do Deus único e verdadeiro.

Pessoas sem um verdadeiro conhecimento da Igreja católica chegam a confundir alguns católicos ao afirmar que as imagens em nossas igrejas seriam uma forma de idolatria. O que é um erro, pois para ser idolatria seria necessário crer que as imagens têm algum poder e atribuir aos santos qualidades divinas. Jamais a Igreja ensinou em seus quase 2000 anos de existência tal engano. A Igreja, como nossa mãe e mestra, sabe e segue o preceito bíblico de adorar somente a Deus. As imagens em nossas igrejas são somente adornos como os anjos de escultura que o Senhor Deus havia permitido aos israelitas colocar junto à Arca da aliança (cf. Ex 25,17-20) ou no Templo Santo (cf. 1Rs 6,23-29). As imagens fazem-nos lembrar que a santidade desejada por Deus é possível, portanto elas são também um instrumento para que as pessoas sintam-se encorajadas a viver a Palavra.

Quantas vezes criticam-se as imagens dos católicos e não se é capaz de perceber a idolatria presente na cobiça, nos desejos desordenados ou na falta de caridade para com as pessoas que não pensam da mesma forma. E o mais grave é transformarem a Bíblia em um ídolo. Quando acontece isso? Quando se usa a Palavra do modo como ela não foi escrita, isto é, interpretando tudo ao pé da letra, a partir das suas próprias idéias ou de algum líder religioso, esquecendo aquilo que gerações de cristãos já viveram, imaginando que o cristianismo começou com a sua conversão ou denominação. A diferença entre os católicos e os crentes mal-intencionados é evidente, enquanto eles surgiram ontem, muitas vezes de alguma briga ou desejo de poder, a Igreja católica existe há séculos. É claro que não podemos generalizar, pois existem muitos evangélicos sérios e sinceros em sua fé que sabem respeitar os católicos. Tanto católicos como protestantes são chamados a estar atentos aos ídolos presentes em suas próprias vidas, jamais esquecendo a palavra de Tg 4,11: "**Meus irmãos, não faleis mal uns dos outros. Quem fala mal de seu irmão, ou o julga, fala mal da lei e julga a lei, e se julgas a lei, já não és observador da lei, mas seu juiz**". Tenhamos sempre presente: é fácil reparar nos defeitos alheios não percebendo seus próprios erros.

— **Superstição:** é atribuir uma força mágica a certas práticas, por exemplo, imaginar que determinado objeto tem o poder de dar sorte ou trazer prosperidade (duendes, gnomos, pé de coelho, ferradura, buda...). Certas correntes de oração ou atos religiosos realizados sem levar em conta as exigências de uma sincera conversão, pensando, unicamente nos resultados, imaginando que para Deus basta o exterior, é cair na superstição. Símbolos cristãos podem se transformar em fonte de superstição quando não são usados com a finalidade para a qual foram criados. Por exemplo, o simples fato de carregar um crucifixo no pescoço ou tê-lo em lugar de destaque não dá proteção, caso a pessoa não esteja vivendo o sentido da cruz, que é estar morto para o pecado e vivo para Deus; alguns transformam o terço em um amuleto semelhante às fitinhas ou amarradas no pulso ou em objetos, esquecendo que o terço é um instrumento de oração. Os objetos abençoados podem ser usados, mas tendo sempre presente que a bênção que receberam nos acompanhará se estivermos em comunhão com o nosso Deus. Não podemos imaginar que o objeto em si possui algum poder. Na verdade ele é uma ajuda para recordar aquele que é a fonte do poder: **Deus.** (Para aprofundar certas críticas feitas às verdades católicas por algumas seitas, leia os livretos **Perguntas e respostas sobre a fé, Vol. 1 e 2 de autoria do Pe. Alberto Luiz Gambarini.)**

Nessa dimensão da superstição está incluída a onda de esoterismo em voga em nossos dias. Cresce o interesse pelo sobrenatural, influenciado entretanto por filosofias contrárias às verdades da fé cristã. Nesse sentido é conveniente ouvir a palavra da Igreja contida no **Catecismo da Igreja Católica:**

"Todas as formas de adivinhação hão de ser rejeitadas: recurso a Satanás ou aos demônios, evocação dos mortos ou outras práticas que erroneamente se supõe descobrir o futuro (leia Dt 18,10ss. e Jr 29,8). A consulta aos horóscopos, a astrologia, quiromancia, a interpretação de presságios e da sorte, os fenômenos de visão, o recurso a médiuns escondem uma vontade de poder sobre o tempo, sobre a história e finalmente sobre os homens, ao mesmo tempo que um desejo de ganhar para si os poderes ocultos. Estas práticas contradizem a honra e o respeito que, unidos ao amoroso temor, devemos exclusivamente a Deus" (explicação do primeiro mandamento em que se fala sobre Adivinhação e magia).

C — DIMENSÃO DOS RELACIONAMENTOS PESSOAIS E DENTRO DA IGREJA

O verdadeiro discípulo de Cristo é chamado a viver de um modo diferente em um mundo movido por sentimentos de simpatia ou antipatia, que ensina a pagar o bem com o bem e o mal com o mal ou a ser amigo somente daqueles que concordam conosco, enfim relacionamentos baseados em interesses egoístas. O Senhor Jesus indicou o que deve distinguir os seus seguidores diante dos homens: "**Nisto todos conhecerão que sois meus discípulos, se vos amardes uns aos outros**" (Jo 13,35). E a medida deste amor é: "**Amai-vos uns aos outros, como eu vos amo**" (Jo 15,12).

Com esse espírito São Paulo apresenta os pecados que afetam as relações entre os membros do Corpo de Cristo, aspectos graves que levam ao colapso os laços daqueles que são chamados a serem testemunhas do Deus de amor. Nessa lista encontramos atitudes que estão fortemente presentes na maneira de ser de cristãos comuns e, o mais triste, até daqueles com responsabilidade de liderança na Igreja. O grave é a convivência condescendente com essa maneira errada de pensar e agir do mundo dentro da Igreja, e usando o nome de Cristo.

— **Inimizades:** é a ausência de amor em nosso coração. Ao invés de buscar o bem do outro, buscamos prejudicá-lo com o propósito de levá-lo à destruição. Quando tal desejo move o coração daquele que se diz cristão, Deus é profanado, pois Ele não está onde habita o desamor: "**Aquele que diz estar na luz, e odeia a seu irmão, jaz ainda nas trevas**" (1Jo 2,9).

— **Brigas:** trata-se da atitude de desavença ou contenda que leva as pessoas a divisões dentro da comunidade cristã. Tal situação contraria o pedido de Jesus ao Pai na oração sacerdotal: "...**para que sejam perfeitos na unidade, e o mundo reconheça que me enviaste e os amaste, como amaste a mim**" (Jo 17,23). O Espírito Santo, que procede do Pai e do Filho, quando de fato está presente nos corações, reproduz a perfeita unidade entre as três pessoas da Trindade. Toda divisão, dentro da Igreja nega para o mundo a presença do Espírito Santo, como aquele que gera a comunhão entre os homens de todas as classes, raças, culturas... e cria uma maneira nova de convivência movida pelo amor de Deus. O apóstolo Paulo tem uma palavra dura sobre a presença de desavenças irreparáveis entre seguidores de Cristo: "**Com efeito, enquanto houver entre vós ciúmes e contendas, não será por que sois carnais e procedeis de um modo totalmente humano?**" (1Cor 3,3); ao mesmo tempo uma orientação segura a ser tomada pela Igreja para com aqueles que causam as brigas: "**O homem que assim fomenta divisões, depois de advertido uma primeira vez e uma segunda vez, evita-o**" (Tt 3,10). Ao mesmo tempo orienta como proceder em coerência com a fé: "**Suportai-vos uns aos outros e perdoai-vos mutuamente, toda vez que tiverdes queixa contra outrem. Como o Senhor vos perdoou, assim perdoai também vós**" (Cl 3,13).

— **Ciúmes e inveja:** são sentimentos que levam a pessoa desejosa de alcançar alguma vantagem pessoal ou cargo a usar de todos os meios para afetar a imagem dos outros. Infelizmente esses sentimentos são mais comuns do que imaginamos entre os cristãos. Por exemplo, quando alguém se destaca em algum trabalho, quantas críticas surgem tentando impedir a continuidade do mesmo. Geralmente tais críticas são motivadas por pessoas que não são capazes de suportar o êxito alheio. O remédio para vencer esses sentimentos malignos é entender que

"a caridade... não tem inveja..." (1Cor 13,4), e, se desejamos realmente a plenitude do espírito, não podemos esquecer que **"...o amor de Deus foi derramado em nossos corações pelo Espírito Santo que nos foi dado"** (Rm 5,5).

— **Ódio:** é um sentimento perigoso que leva a pessoa a causar ou desejar o mal do outro. Traz em si o desprezo ou antipatia, fazendo com que os indivíduos tenham uma convivência difícil, quando não impossível de acontecer. O ódio exclui o amor e por este motivo é o sinal de morte espiritual. Onde há pessoas nascidas da água e do Espírito, o amor vence todas as diferenças. Em 1Jo 4,20-21 lemos: **"Se alguém disser amo a Deus, mas odeia seu irmão, é mentiroso. Porque aquele que não ama seu irmão, a quem vê, é incapaz de amar a Deus, a quem não vê. Temos de Deus este mandamento: o que amar a Deus, ame também a seu irmão"**

— **Ambição:** é o desejo forte de conseguir a todo custo uma posição de destaque e ser admirado pelos outros. A ambição negativa leva a buscar a glória pessoal e não a Deus. Para alcançar o seu fim, a pessoa se lança em uma repelente luta pelo poder, ou para manter a primazia do seu trabalho à custa do prejuízo daquele que é considerado seu rival. O anúncio do evangelho não pode ser pretexto para buscar a admiração ou a competição dentro da Igreja. Já na igreja primitiva esse flagelo maléfico estava presente criando divisões, como vemos Paulo lamentando em Fl 1,15.17: **"É verdade que alguns pregam Cristo por inveja a mim e por discórdia... Pregam Cristo por Espírito de intriga, e não com reta intenção..."**. A ambição é uma brecha perigosa aberta para que Satanás enfraqueça o poder espiritual daqueles que se deixam levar por esta armadilha. O conselho do apóstolo para o fortalecimento pessoal e da Igreja é **"nada façais por**

espírito de partido ou vanglória, mas que a humildade vos ensine a considerar os outros superiores a vós mesmos. Cada qual tenha em vista não os seus próprios interesses e sim os dos outros" (Fl 2,3-4).

— **Discórdias e partidos:** a discórdia é uma das formas de egoísmo que leva a criar um espírito partidário dentro da comunidade. A tendência normal é: as pessoas se deixarem levar pela preferência, desmerecendo aqueles que aparentemente ameaçam a pessoa admirada. Também existe sempre o perigo do líder semear ou consentir as discórdias partidárias para conservar o domínio e a influência do seu trabalho. **"Rogo-vos irmãos, em nome de nosso Senhor Jesus Cristo, que todos estejais de pleno acordo, e que não haja entre vós divisões. Vivei em boa companhia, no mesmo Espírito, e no mesmo sentimento"** (1Cor 1,10).

— **Bebedeiras e orgias:** o cristão deve estar atento ao testemunho da fé e para isso deve ser capaz de apresentar autocontrole diante daquilo que gera normalmente o vício, a destruição de vidas e famílias. Não há na Bíblia nenhuma proibição formal ao uso do álcool, o que encontramos é o incentivo ao uso cuidadoso para não cair na dependência. A liberdade cristã significa educar-se à moderação, sabendo usar tudo sem prejudicar a si e aos seus semelhantes. O alcoolismo é o gerador dos maus costumes pela perda de todo senso de respeito próprio e do ambiente onde se encontra. Pelo abuso do álcool os homens são levados às orgias, isto é, festas onde acontecem todos os excessos de sexo, drogas... perdendo o domínio próprio. Caso típico são os festejos do carnaval nos quais as pessoas para poderem dançar com entusiasmo necessitam de boa dose de álcool, quando não de tóxico. **"Não vos embriagueis com vinho que é fonte de devassidão, mas enchei-vos do Espírito"** (Ef 5,18).

O FRUTO DO ESPÍRITO

Em Jo 3,3 lemos: "...**quem não nascer de novo**" Com estas palavras aprendemos que a vida espiritual tem uma regra fundamental: **não podemos imaginar que nos tornamos cristãos maduros no momento em que somos batizados no Espírito.** Este é um engano que tem feito muitos serem como os cristãos de Corinto: **"A vós, irmãos, não vos pude falar como a homens espirituais, mas como a carnais, como as criancinhas em Cristo."** (1Cor 3,1). Por que São Paulo disse essas palavras tão fortes a uma comunidade que se julgava cheia do poder do Espírito? A Igreja de Corinto possuía uma abundância de dons carismáticos, porém não tinha maturidade de quem anda realmente no Espírito. A manifestação dos dons era causa para exaltação pessoal e formação de divisões dentro da Igreja, ao invés de promover o crescimento espiritual de todos.

A vida no Espírito para nos levar àquela maturidade desejada pelo Senhor exige que deixemos o Espírito Santo trabalhar em nosso interior, tornando-nos semelhantes a Cristo Jesus. As obras da carne precisam ser tiradas do nosso coração para que cresça a nova vida recebida na cruz. Os dons do Espírito, sem a renovação do nosso homem interior, tornam-se simples enfeites sem valor para o testemunho do poder de Deus em mudar realmente as pessoas. O propósito de Deus em derramar seu Espírito Santo é muito precioso: a nossa mudança espiritual, emocional, física e em todas as outras áreas da nossa vida.

A mudança esperada por Deus é chamada de fruto do Espírito, que é um sinal importante se estamos permitindo ao Espírito Santo agir com liberdade em nossa vida. Sozinhos, somente produzimos obras da carne entretanto a nossa vontade unida ao Espírito Santo produz o fruto do Espírito. Este processo não acontece de um dia para o outro, mas com o tempo e com experiência, à medida que aprendemos a confiar, obedecer e viver a Palavra. Daí é preciso ter paciência, não desanimando se falhamos e sim estando sempre prontos a recomeçar com o desejo de deixar-se instruir. Por isso é necessária a oração diária, a leitura da escritura e a comunhão com outros irmãos. Ninguém nasce sozinho, e, quando na vida espiritual não queremos nos submeter àqueles que poderão nos ajudar, revelamos ainda o domínio da carne. Por outro lado, é importante, na medida em que o tempo passa, observar se as nossas palavras e atitudes são exemplo para os que estão começando. Os cristãos mais maduros precisam pelo exemplo de sua maneira de viver influenciar positivamente aqueles que estão começando. Se em nossas palavras e ações existirem somente críticas negativas, falta de comunhão com os irmãos e com a liderança da Igreja, com certeza estaremos influenciando os cristãos novos a continuar sendo carnais.

Uma das páginas de São Paulo mais desafiadoras sobre o fruto que o Espírito produz encontramos em Gl 5,22-23: "...**O fruto do Espírito é caridade, alegria, paz, paciência, afabilidade, bondade, fidelidade, brandura, temperança**". O apóstolo faz questão de contrastar a palavra **fruto** com o termo **obras.** Não se trata de mero jogo de palavras, e sim de uma verdade espiritual importante, isto é, enquanto as obras da carne acontecem ora uma ora outra, o fruto do Espírito é um todo que deve estar presente em nossa vida. Todos os cristãos cheios do Espírito devem ter todo o fruto do Espírito.

Para ajudar em nosso estudo dividiremos o fruto do Espírito em três grupos:

A — ATITUDES QUE DIZEM RESPEITO AO NOSSO RELACIONAMENTO COM DEUS

— **Caridade (amor):** é o primeiro da lista não por acaso, existe uma finalidade precisa: **o amor é o solo de onde brotam todas as outras atitudes e é a prova da verdade de nossa espiritualidade.** Este amor começa em Deus que vem até nós para nos capacitar a amar o próximo como Ele nos ama. "**Amemo-nos uns aos outros, porque o amor vem de Deus, e todo o que ama é nascido de Deus e conhece a Deus**" (1Jo 4,7). A questão é entender que o tipo de amor de Deus para conosco é chamado na Bíblia de **ágape.** O amor ágape é o amor no seu termo mais elevado, porque significa saber amar os que erram sem julgá-los e os que não merecem ser amados, os inimigos. O amor ágape é o amor que leva a amar gratuitamente sem esperar retribuição. Quando olhamos para a cruz, logo lembramos de Rm 5,8: "**Eis uma prova brilhante do amor de Deus por nós: quando éramos ainda pecadores, Cristo morreu por nós.**" E se, de fato, habita em nós o amor testemunhado na cruz, somos levados a amar com o mesmo amor sacrifício. Agradecemos a Deus o seu amor por nós, amando os nossos semelhantes sem restrições. "**Acima de tudo revesti-vos da caridade, que é o vínculo da perfeição**" (Cl 3,14).

— **Alegria:** trata-se da disposição interior de satisfação diante da vida fruto da confiança nos cuidados divinos. A alegria não depende de circunstâncias ou de pessoas, e sim da certeza de que Deus é a nossa força para todas as situações. Nesse sentido, deixar--nos levar pelo momento que estamos vivendo é uma ofensa contra Deus. Por exemplo, se enfrentamos um problema de relacionamento, uma questão financeira, luta contra uma fraqueza, enfermidade ou até a morte, devemos demonstrar serenidade. Como é possível tal atitude positiva diante de acontecimentos tristes? Se olharmos para a vida somente com a nossa mentalidade humana, não seremos capazes de reagir com bom ânimo; normalmente ficamos alegres quando tudo corre bem e tristes diante das dificuldades. A obra do Espírito deve acontecer em nossa mente e vontade, fazendo com que as nossas antigas idéias sejam modificadas de acordo com os princípios da Palavra. Quando cremos no amor de Deus por nós, descansamos sob sua proteção.

A alegria é uma realidade enviada do céu, como Neemias exortou: **"Não haja tristeza, porque a alegria do Senhor será a vossa força"** (Ne 8,10). Existe à nossa disposição todo um poder do alto para que possamos viver além dos fatos do nosso dia-a-dia. Paulo nos encoraja a não perdermos de vista esta verdade dizendo fortemente: **"Alegrai-vos sempre no Senhor. Repito, alegrai-vos"** (Fl 4,4).

Toda a questão está em deixar a nossa mente mergulhada em Deus, sendo capazes na hora da tempestade de reagir pela fé, sempre lembrando que todo desânimo, reclamação ou tristeza não é próprio daquele que conhece a Deus. Podemos dizer nessas horas: **minha alegria vem de Deus, por isso este problema não tem nem comparação com o amor Dele por mim.** Com estas palavras é bom repetir versículos como os de Nm 8,10; Fl 4,4 e outros, para impedir que a nossa mente seja dominada pelas aparências dos problemas. Afinal foi o próprio Jesus que prometeu esta reação positiva aos seus seguidores: "Se **guardardes os meus mandamentos, sereis constantes no amor, como também eu guardei os mandamentos de meu Pai e persisto no seu amor. Disse-vos estas coisas para que a minha**

alegria esteja em vós, e a vossa alegria seja completa" (Jo 15,10-11).

— **Paz:** para um bom número de pessoa a paz é confundida com ausência de conflitos. A paz com Deus é diferente: o verdadeiro cristão, mesmo estando no meio de uma batalha, não se preocupa porque sabe que está cercado pela proteção do Senhor. A paz, fruto do Espírito, é a paz prometida por Jesus: **"Deixo-vos a paz, dou-vos a minha paz. Não vo-la dou como o mundo a dá. Não se perturbe o vosso coração, nem se atemorize"** (Jo 14,27). Esta paz com Deus cresce onde não se permite a presença de obras da carne como: inveja, contenda, desavenças ou outros excessos.

B — ATITUDES EM RELAÇÃO AOS NOSSOS SEMELHANTES

— **Paciência:** significa suportar as fraquezas ou provocações alheias, do mesmo modo como fez Deus conosco. Também suportar as tribulações sem reclamações, sempre acreditando na providência divina. Na Bíblia a paciência está associada aos problemas, e não podia ser diferente, pois ser paciente quando tudo está bem torna-se fácil. **"Considerai que é suma alegria, meus irmãos, quando passais por diversas provações, sabendo que a prova da vossa fé produz a paciência"** (Tg 1,2-3).

Dentro deste pensamento fica evidente a importância de treinar a paciência todos os dias diante das pequenas contrariedades para estarmos prontos a enfrentar as grandes com o poder de Deus.

— **Afabilidade:** é a atitude gentil para com todas as pessoas. O proceder do cristão não pode ser movido pela amargura ou fingimento, mas pela doçura capaz de cativar todos para Cristo. Esta qualidade exige exercício para domar a nossa tendência carnal que nos faz ter consideração por aqueles que são do nosso círculo de relacionamentos, e permite, às vezes, falta de atenção ou até prejudicar os outros. O nosso modelo é o próprio Jesus, que pela sua gentileza cativava a todos e levava, principalmente, os pecadores à conversão. Para o cristão não importam a condição social, raça, sexo ou religião, todos em Cristo Jesus são dignos de consideração: "**Tudo o que fizerdes fazei-o de bom coração, como para o Senhor e não para os homens. Quem cometer injustiça pagará pelo que fez injustamente; não haverá distinção de pessoas**" (Col 3,23-25).

— **Bondade:** sem dúvida alguma é a virtude mais importante e difícil de exercitar. A dificuldade tem a sua raiz no egoísmo natural de todos os homens fazendo-os ver tudo a partir dos seus interesses. Quando o Espírito Santo é liberado em sua plenitude, entendemos que temos de ser bondososo, porque assim é o nosso Deus. A bondade nos leva a fazer o bem e ao mesmo tempo o que é certo sem esperar reconhecimentos. "**Outrora éreis trevas, mas agora sois luz no Senhor: comportai-vos como verdadeiras luzes. Ora o fruto da luz é bondade, justiça e verdade**" (Ef 5,8-9).

C — ATITUDES DO NOSSO HOMEM INTERIOR

— **Fidelidade:** trata-se da firmeza dos nossos propósitos para com o Senhor. Ela é uma das condições básicas para que as bênçãos de Deus frutifiquem em nossa vida. A inconstância na vida de oração ou na participação da Igreja, somada à falta de disposição em estudar a Palavra e testemunhá-la diante dos homens, revela imaturidade espiritual: **"Sê fiel até a morte e dar-te-ei a coroa da vida."** (Ap 2,10).

— **Brandura (mansidão):** significa sincera falta de maldade e aspereza, estando unida à paciência e gentileza com o próximo. A fonte desta qualidade é Deus, o nosso modelo Jesus Cristo, na forma como agiu e falou aos homens, e o Espírito Santo é quem nos capacita a vivê-la se pedirmos de todo o coração. **"Tomai meu jugo sobre vós e recebei minha doutrina, porque eu sou manso e humilde de coração, e achareis o repouso para as vossas almas"** (Mt 11,29). **"Bem-aventurados os mansos, porque possuirão a terra"** (Mt 5,5).

— **Temperança (auto-domínio):** é a atitude de disciplina pessoal para não se deixar dominar pelas obras da carne. Facilmente esta qualidade é associada somente à questão dos problemas ligados ao sexo ou ao uso de bebidas alcóolicas; e, infelizmente, existe a tendência a fazer vista grossa a indelicadezas, fofocas, inveja, disputas por cargos, rancores... nestas e em tantas outras áreas em que não é vivido o amor plenamente também precisamos exercitar o auto-domínio. "... **Esforçai-vos quanto possível por unir à vossa fé a virtude, à virtude a ciência, à ciência a temperança, à temperança a paciência, à paciência a piedade, à piedade o amor fraterno, e ao amor fraterno a caridade. Porque quem não tiver estas coisas é míope, cego, esqueceu-se da purificação dos seus antigos pecados"** (2Pd 1,5-7.9).

São Paulo no final da lista do fruto do Espírito acrescenta: **"Contra estas coisas não há lei"** (Gl 5,23b), as virtudes não necessitam de controles legais, fluem do interior daqueles que deixam o Espírito Santo moldar o seu caráter para assemelhá-lo ao do nosso Senhor e Salvador, Jesus Cristo. O fruto do Espírito dá sentido e valor a nossa experiência de Deus, porque podemos com ele enfrentar todas as crises. Toda a nossa prática religiosa perde o seu valor, mesmo que saibamos toda a Escritura de capa a capa ou exerçamos algum trabalho pastoral ou jamais faltemos à Igreja, pois o fruto do Espírito é a credencial de que estamos rendidos a Deus.

ESTUDO

1. Com o batismo no Espírito toda questão com os problemas acaba! Verdade ( ) ou Mentira ( )
Explique a sua resposta: ....
....
....
....
(Compare com a introdução deste capítulo)

2. As obras da carne são ....
....
....
..............................(Gl 5,19-21a). O que o apóstolo Paulo diz sobre os que as praticarem? ....
....

3. As obras da carne podem ser divididas em três grupos:

a – dimensão da sensualidade:
.................................significa ....
.................................significa ....
.................................significa ....

b – dimensão da religiosidade:
.................................significa ....
.................................significa ....

c – dimensão do relacionamento com o próximo:
.................................significa ....
.................................significa ....
.................................significa ....
.................................significa ....
.................................significa ....
.................................significa ....
.................................significa ....

4. As imagens na Igreja católica são um sinal de desobediência à ordem de Deus contra a idolatria: Verdade ( ) ou Mentira ( )
Justifique a sua resposta com textos bíblicos
....
....

5. O fruto do Espírito é ....
....
....(Gl 5,22-23).

6. Por que São Paulo fala obras da carne e fruto do Espírito?
....
....
....

7. O fruto do Espírito pode ser dividido em três grupos: (explique em uma ou poucas palavras o que significa)

a – virtudes do nosso relacionamento com Deus:
.... significa ....
.... significa ....
.... significa ....

b – virtudes do nosso relacionamento com o próximo:
.... significa ....
.... significa ....
.... significa ....

c – virtudes do nosso homem interior:
.... significa ....
.... significa ....
.... significa ....

8. Faça um resumo sobre a importância do fruto do Espírito como sinal da ação do Espírito Santo em nós:

SUGESTÃO PARA A ORAÇÃO

— Comece com a invocação do Espírito Santo e depois peça que Ele lhe revele as áreas da sua vida onde as obras da carne ainda dominam (válido do 1º ao 4º dia) e que lhe dê produzir o seu fruto (do 5º ao 7º).

— Para os primeiros quatro dias tenha à mão um caderno para anotar aquelas obras da carne que você precisará dedicar mais atenção para ser liberto delas.

— Em todos os dias, além do texto bíblico sugerido, reze o Salmo 90, faça uma renúncia a falsas doutrinas (1º dia) e maus sentimentos (2º ao 4º dia) e termine com o Credo, um Pai-Nosso e uma Ave-Maria.

Obs: se no primeiro dia se lembrar de algum objeto, roupa ou livro ligados a alguma falsa doutrina, testemunhe o seu rompimento com estas práticas inutilizando estas coisas. Não **dê de presente para outra pessoa.** Peça ao Senhor a restauração de relacionamentos; caso lembre os nomes de pessoas durante a oração, anote para orar nesta intenção.

INVOCAÇÃO AO ESPÍRITO SANTO

Vem Espírito Santo,
enche o coração dos teus fiéis
e acende neles o fogo do teu amor
envia o teu Espírito e tudo será criado
e renovarás a face da terra.

Oremos:

Deus, que instruístes os corações dos teus fiéis
com a luz do Espírito Santo
faze que apreciemos retamente todas as coisas
segundo o mesmo Espírito
e gozemos sempre de tua consolação.
Por Cristo nosso Senhor.

TEXTOS PARA A ORAÇÃO

PRIMEIRO DIA:

Invocação ao Espírito Santo

Leitura: Gl 5,17.19-20

"Porque os desejos da carne se opõem aos do Espírito, e estes aos da carne. Ora as obras da carne são estas: fornicação, impureza, libertinagem (dimensão da sensualidade), **idolatria, superstição** (dimensão da religiosidade)."

Ajuda para meditação:

RENÚNCIA:
Senhor Jesus,
Eu renuncio a toda prática de falsas doutrinas, como espiritismo, umbanda, candomblé, e a qualquer ensino sobre reencarnação ou consulta aos mortos.
Também renuncio a todo tipo de consulta do futuro:
astrologia, mapa astral, tarô, búzios...
Não quero mais dedicar-me à leitura de livros sobre
magia ou de obras ligadas à Nova Era.

Vou destruir todos os objetos ligados a estes falsos
caminhos: gnomos, duendes, buda da fortuna, pirâmides, pé de coelho,.........
Peço-te perdão, Senhor Jesus, por ter-me envolvido
com estas coisas. Livra-me de
toda contaminação
vinda pelo contato com tais caminhos, purifica-me
com o teu Sangue Precioso.

OBRIGADO SENHOR JESUS PELA LIBERTAÇÃO

REZE o Salmo 90, Credo, Pai-Nosso e Ave-Maria.

SEGUNDO DIA:

Invocação ao Espírito Santo

Leitura: Gl 5,17.20

"Porque os desejos da carne se opõem aos do Espírito, e estes aos da carne.

Ora as obras da carne são estas: ...inimizades, brigas, ciúmes..."

Ajuda para meditação:

— Examine o seu coração com toda a sinceridade e diga o primeiro nome das pessoas com quem você não se dá. Peça que o Espírito Santo o ajude a lembrar os nomes. Não importa quem estava com a razão, faça uma oração pedindo que o Senhor abençoe cada uma das pessoas lembradas.

— **Não engane a você mesmo:** sente ciúme de alguém? Em caso afirmativo peça a cura de Jesus (continue orando mesmo depois desta semana até sentir a resposta do Senhor).

RENÚNCIA:
Senhor Jesus,
sei que na cruz fui perdoado dos meus pecados,
por isso, quero aprender a amar...
(diga o primeiro nome da pessoa) e ser curado deste sentimento de ciúme.

REZE o Salmo 90, Credo, Pai-Nosso e Ave-Maria.

TERCEIRO DIA:

Invocação ao Espírito Santo

Leitura: Gl 5,17.20

"Porque os desejos da carne se opõem aos do Espírito, e estes aos da carne.

Ora, as obras da carne são: ...ódio, ambição e discórdia..."

Ajuda para a meditação:

— Se for necessário volte para a parte do capítulo que fala sobre estes maus sentimentos e atitudes, examine o seu passado e presente, reconhecendo se estão presentes no seu dia-a-dia.

RENÚNCIA

Senhor Jesus,
sei que te entristeço vivendo maus sentimentos,
quero com a tua ajuda mudar a minha maneira de ser.
Eu renuncio a todo ódio, ambição e discórdia.

REZE o Salmo 90, Credo, Pai-Nosso e Ave-Maria.

QUARTO DIA:

Invocação ao Espírito Santo

Leitura: Gl 5,17.20-21

"Porque os desejos da carne se opõem aos do Espírito, e estes aos da carne. Ora as obras da carne são estas: partidos, invejas, bebedeiras e orgias..."

Ajuda para meditação:

— Examine o seu proceder para perceber se você é dado a dar preferência a determinadas pessoas em prejuízo de outras (família, trabalho e Igreja).

— Qual a sua reação diante do sucesso alheio?

— Você possui algum vício ou fraqueza que o escraviza?

RENÚNCIA:

Senhor Jesus,

eu renuncio a todo tipo de acepção a pessoas,
ensina-me a não participar de nada que possa
trazer
divisão em minha família, trabalho ou na Igreja.
Se existir, renuncio a todo tipo de ciúme.
Peço o auxílio do Espírito Santo para libertar-me
deste vício... (diga o nome).
(Continue com as suas palavras).

REZE o Salmo 90, Credo, Pai-Nosso e Ave-Maria

QUINTO DIA:

Invocação ao Espírito Santo

Leitura: Gl 5,22

"...o fruto do Espírito é: caridade, alegria, paz..."

Ajuda para meditação:

— Leia somente o comentário referente a estas três qualidades do fruto do Espírito.

Oração para pedir o fruto do Espírito Santo:

Senhor Jesus,
que o Espírito Santo venha em meu auxílio
para ensinar-me a amar como tu me amaste na cruz.
Neste amor quero aprender a alegrar-me em tudo,
mesmo diante das dificuldades,
refletindo sempre a paz dos que reconhecem os cuidados amorosos do Pai.
(Continue com as suas palavras).

REZE o Salmo 90, Credo, Pai-Nosso e Ave-Maria.

SEXTO DIA:

Invocação ao Espírito Santo

Leitura Gl 5,22

"...o fruto do Espírito é: paciência, afabilidade, bondade..."

Ajuda para meditação:

Leia novamente o comentário sobre estas três qualidades do fruto do Espírito.

Oração para pedir o fruto do Espírito

Senhor Jesus,
quero aprender de ti a ser paciente, manso e bondoso
capacita-me a viver esta realidade
liberando de um modo mais forte

o Espírito Santo em minha vida.
(Continue com as suas palavras).

REZE o Salmo 90, Credo, Pai-Nosso e Ave-Maria.

SÉTIMO DIA:

Invocação ao Espírito Santo

Leitura: Gl 5,22-23

"...o fruto do Espírito é: fidelidade, brandura, temperança."

Ajuda para meditação:

Leia novamente os comentários sobre estas virtudes do fruto do Espírito.

Oração para pedir o fruto do Espírito

Senhor Jesus,
quero ser fiel ao meu propósito de viver esta vida nova no Espírito.
Dai-me o Espírito Santo para que eu possa manter esta minha disposição,
sempre livre de toda maldade,
e atento para não permitir que as obras da carne novamente guiem as minhas atitudes e palavras.
(Continue com as suas palavras).

REZE Salmo 90, Credo, Pai-Nosso e Ave-Maria.

ANOTAÇÕES

Capítulo VI

Os dons extraordinários do Espírito: os carismas

A vida nova no Espírito dá àquele que a recebe força para viver, capacidade para falar de Jesus aos outros, produz o fruto do Espírito, mas isso não é tudo, existem mais bênçãos à nossa disposição. Quando o Espírito Santo vem com plenitude confirma na vida do cristão os meios para que possa viver de modo sobrenatural, isto é, libera os dons extraordinários ou carismas. Existem aqueles que estranham afirmações como estas, imaginando tratar-se de algum exagero de fanáticos, entretanto foi o que Jesus ressuscitado prometeu aos seus seguidores. **"Estes milagres acompanharão os que crerem: expulsarão os demônios em meu nome, falarão novas línguas, manusearão serpentes e, se beberem algum veneno mortal, não lhes fará mal; imporão as mãos aos enfermos, e eles ficarão curados"** (Mc 16,17-18). A questão é ter o cuidado para não negá-los e também não supervalorizá-los. **"A respeito dos dons espirituais, irmãos, não quero que vivais na ignorância"** (1Cor 12,1).

Para não existir confusão de termos é importante usar a distinção feita na doutrina católica entre dons do Espírito e carismas. No **Catecismo da Igreja Católica** é ensinado:

— A vida moral dos cristãos é sustentada pelos dons do Espírito Santo. Estes são disposições permanentes que tornam o homem dócil para seguir os impulsos do mesmo Espírito.

Os sete dons do Espírito são: sabedoria, inteligência, conselho, fortaleza, ciência, piedade e temor de Deus. Em plenitude, pertencem a Cristo, Filho de Davi (obs: estes dons estão fundamentados em Is 11,1-2). Completam e levam à perfeição as virtudes daqueles que os recebem. Tornam os fiéis dóceis para obedecer prontamente às inspirações divinas." (CIC nº 1830-1831).

— "...a graça compreende igualmente os dons que o Espírito nos concede para nos associar à sua obra, para nos tornar capazes de colaborar com a salvação dos outros e com o crescimento do corpo de Cristo, a Igreja. São as graças sacramentais do próprios dos diferentes sacramentos. **São além disso as graças especiais, designadas também de carismas, segundo a palavra grega empregada por São Paulo, e que significa favor, dom gratuito, benefício. Seja qual for o seu caráter, às vezes extraordinário, como o dom dos milagres ou de línguas, os carismas se ordenam à graça santificante e têm como meta o bem comum da Igreja."** (CIC nº 2003).

Portanto, segundo o que foi exposto, os sete dons do Espírito são dados em vista da edificação pessoal e os carismas para o serviço em favor dos homens na Igreja. Neste capítulo estaremos somente falando dos carismas, tendo em vista que estamos buscando uma renovação da nossa maneira de viver a fé, pelo despertar do nosso ser, a fim de assumir realmente a nossa vocação de discípulos na Igreja e em favor da salvação de todos os homens. E o outro motivo é para que conhecendo os carismas não venhamos a fazer um mau uso da graça de Deus. Os sete dons são necessários para o nosso fortalecimento interior, já os carismas dizem respeito à forma como procedemos como membros da Igreja.

O apóstolo São Paulo usa uma imagem importante quando se refere à Igreja, ele a compara a um corpo. No corpo existem vários membros, cada um com função própria e todos juntos fazem o corpo funcionar. O mesmo, ensina o apóstolo, deve acontecer na Igreja: "**...Vós sois o corpo de Cristo e cada um, de sua parte, é um dos seus membros**" (1Cor 12,27). Uma vez batizados tornamo-nos membros do corpo de Cristo com um lugar e missão específica que ninguém poderá ocupar ou realizar em nosso lugar. O prejuízo não é somente nosso, todo o corpo é prejudicado. "**Se um membro sofre, todos os membros padecem com ele...**" (1Cor 12,26). Todos os batizados são chamados a viver a vida nova do Espírito não somente para si, o que seria egoísmo, sinal da presença da obra da carne, pois "**há diversidade de dons, mas um só espírito. A cada um é dada a manifestação do espírito para proveito comum.**" (1Cor 12,4.7). Não recebemos a efusão do Espírito somente para começar a participar da Igreja ou sermos freqüentadores de um grupo de oração, isto, sem dúvida alguma, é importante, mas o Espírito Santo em nós deseja fazer muito mais; quando de fato nascemos de novo nos é dada a vida abundante e em gratidão cumprimos a ordem de Jesus: "**Ide, pois, ensinai a todas as nações...**" (Mt 28,19), e mais uma vez é o Senhor que vem em nosso auxílio dando-nos os carismas como ferramentas para a construção do Seu Reino.

O QUE É UM CARISMA?

A palavra carisma significa manifestação gratuita do Espírito Santo para que o cristão tenha participação mais fervorosa no culto prestado a Deus e, de modo especial, para capacitá-lo a realizar determinados ministérios na Igreja. Esta manifestação realiza-se por meio de uma tríplice obra do Espírito; a cada cristão é dado um ou mais carismas, capacitando-o para determinado ministério por meio de uma operação sobrenatural em favor da Igreja. "**Há diversidade de dons, os ministérios são diversos, mas um só senhor. Há também diversas operações, mas é o mesmo Deus que opera tudo em todos. A cada um é dada a manifestação do Espírito para proveito comum**" (1Cor 12,4-7). Nunca é demais reforçar o que já foi dito: **Os carismas são dados por Deus para que cada cristão encontre o seu lugar na Igreja e exerça o serviço para o qual foi convocado.**

ALGUNS ERROS EM RELAÇÃO AOS CARISMAS

1. *POSSUIR ALGUM CARISMA NÃO É SINÔNIMO DE SANTIDADE.*

Há pessoas que confundem santidade com o fato de terem recebido algum carisma. A santidade é uma luta por nosso aperfeiçoamento, com ajuda da graça divina, enquanto a manifestação dos carismas é dada exclusivamente pelo amor misericordioso de Deus; não podemos fazer nada para merecê-los. Não recebemos algum carisma por esforço pessoal ou por merecimento. Deus concede a sua graça unicamente em virtude da sua soberana vontade. Ter algum carisma não nos torna melhores do que os outros membros da comunidade. Já entre os primeiros cristãos houve este engano, de modo especial entre os coríntios a quem São Paulo chamou de carnais, apesar de possuírem uma exuberância de dons carismáticos. **"A vós, irmãos, não vos pude falar como a homens espirituais, mas como a carnais, como criancinhas em Cristo"** (1Cor 3,1).

É importante ter esta visão para que não venhamos a desanimar com os nossos próprios defeitos nem nos decepcionar com pessoas movidas por inúmeros carismas, mas com uma vida ainda tão cheia de falhas. Daí a importância dos carismas crescerem no mesmo terreno onde brota o fruto do Espírito.

2. TODOS RECEBEM OS MESMOS CARISMAS.

Esta crença contraria o ensino da Palavra que é muito claro:

— os carismas são distribuídos pelo Espírito Santo **"repartindo a cada um como lhe apraz"** (1Cor 12,11).

Ao dar os carismas Deus está nos educando para precisar dos outros e não depender somente de nós, por isso os dons extraordinários são dados a pessoas diferentes para que juntas formem o todo da manifestação do Espírito em favor de todos. É neste espírito que está escrito: **"São todos apóstolos, são todos profetas? São todos doutores? Fazem todos milagres? Têm todos a graça de curar? Falam todos em diversas línguas? Interpretam todos?"** (1Cor 12,29).

Existe sempre o perigo de determinadas pessoas atribuírem a si o controle dos dons, fazendo do resto da assembléia meros espectadores e dependentes desta pessoa. A ação do Espírito é equipar o povo de Deus para combater o bom combate.

Se Deus permitisse tal situação muitos de nós escolheriam somente os carismas mais exuberantes ou que dessem destaque diante da comunidade, e aqueles mais simples seriam deixados de lado, em prejuízo do bem de toda a Igreja. Podemos pedir determinado carisma, mas fica reservado a Deus o direito de conceder ou não. "**Mas Deus dispôs no corpo cada um dos membros como lhe aprouve**" (1Cor 12,18). O propósito de Deus ao derramar os carismas é o bem do Corpo de Cristo e não alimentar a soberba espiritual individual das pessoas. Quando pedimos determinado carisma, é preciso ter presente o que é mais necessário para que realizemos o nosso serviço em favor dos irmãos.

QUAIS SÃO OS CARISMAS?

Não existe na Escritura uma lista fixa com todos os carismas. Existem três listas principais:

— Ef 4,11: "A **uns ele constituiu apóstolos; a outros profetas; a outros, evangelistas, pastores, doutores...**"

— Rm 12,5-8: "**...Assim nós, embora sejamos muitos, formamos um só corpo em Cristo, e cada um de nós somos membros uns dos outros. Temos dons diferentes, conforme a graça que nos foi conferida. Aquele que tem o dom da profecia, exerça-o conforme a fé. Aquele que é chamado ao ministério, dedique-se ao ministério. Se tem o dom de ensinar, que ensine. O dom de exortar, que exorte; aquele que distribui as esmolas, faça-o com simplicidade; aquele que preside, presida com zelo; aquele que exerce a misericórdia, que faça com afabilidade**"

— 1Cor 12,8-10: "**A um é dada pelo Espírito uma palavra de sabedoria; a outro uma palavra de ciência, por esse mesmo Espírito; a outro, a fé, pelo mesmo Espírito; a outro, a graça de curar doenças no mesmo Espírito; a outro o dom de milagres; a outro a profecia; a outro o discernimento dos espíritos; a outro a variedade de línguas; a outros, por fim, a interpretação das línguas.**"

Com estes vários textos fica evidenciado que não existe uma única lista dos carismas, esta multiplicidade indica a riqueza do Espírito Santo em suprir todas as necessidades da Igreja na realização de um ministério eficaz entre os homens. A outra lição é demonstrar que os carismas são bem mais numerosos do que imaginamos, e não podemos limitá-los ou reduzi-los a uma única lista. Cada um dos textos sobre os carismas reflete a realidade da comunidade para a qual foram escritos, o que demonstra não existir um único padrão da manifestação do Espírito, revelando a importância da docilidade na ação de Deus, dando-lhe realmente a liberdade para conduzir a Igreja. Cresceremos na plenitude do Espírito na medida em que soubermos render o nosso ser à soberania de Deus, permitindo-lhe dar-nos o carisma que irá capacitar-nos a sermos úteis no Corpo de Cristo.

Para facilitar nosso estudo dividiremos os carismas em dois grupos distintos: **carismas para o ministério e carismas de sinais.** Não se trata de optar por um tipo ou por outro, mas de entender que fazem parte da variedade da ação do Espírito no indivíduo e na Igreja.

CARISMAS PARA O MINISTÉRIO

Há pessoas que associam a palavra ministério somente a cargo ou poder dentro da Igreja, esta visão dá a alguns uma dignidade de destaque, que faz dos demais na comunidade meros espectadores da religião. O cristianismo com este modelo transforma-se em uma religião com cerimônias dirigidas por profissionais da religião (padres ou pastores) e membros com a consciência tranqüila por terem cumprido a sua obrigação de rezar, cantar, ouvir a pregação, dar a oferta e o dízimo, comungar.

Na Igreja primitiva não existia esta maneira de viver a fé, pois a palavra ministério foi interpretada em um sentido mais amplo, com o significado de serviço de cada cristão, em favor de todos os membros da comunidade. Em 1Pd 4,10 lemos "**como bons dispensadores das diversas graças de Deus, cada um de vós ponha à disposição dos outros o dom que recebeu.**" Mais uma vez fica evidente a finalidade principal do Senhor ao conceder os carismas: **capacitar o cristão a ser útil aos outros como membro ativo do Corpo de Cristo.** Esta visão não nega a importância dos ministérios ordenados (bispos, presbíteros e diáconos), pois tem sua origem em Jesus e é a forma bíblica de governo da Igreja (leia Atos 20,28; Fl 1,1; 1Tm 5,17), simplesmente faz os leigos assumirem em comunhão com os ministros ordenados, a missão de evangelizar.

APÓSTOLOS

A palavra apóstolo significa "**alguém enviado para uma missão**", de modo especial diz respeito ao grupo dos doze, que foram escolhidos por Jesus (cf. Mc 3,13-19) para falar com Sua autoridade: "**Quem vos ouve a mim ouve**" (Lc 10,16). Os apóstolos se distinguem dos outros pregadores por ser enviados pelo próprio Senhor Jesus, passando a ser seus autênticos representantes, pois a Igreja está edificada "**sobre o fundamento dos apóstolos**" (Ef 2,20). Nesta autoridade os apóstolos constituíram seus sucessores escolhendo bispos para as novas igrejas, e deste modo garantindo na Igreja a continuidade, em todos os tempos, deste ministério dado pelo próprio Jesus, por meio dos bispos unidos ao sucessor de Pedro, o papa.

PROFETAS

São os que falam movidos por uma ação do Espírito, transmitindo à Igreja uma revelação especial da parte de Deus. O conteúdo desta mensagem visa à vida espiritual da Igreja:

— **por meio de uma pregação** em que os ouvintes são levados a reconhecer Deus falando pessoalmente às suas necessidades pela revelação de verdades profundas: "**Se, porém, todos profetizarem, e entrar ali um infiel ou um homem simples, por todos é convencido, por todos é julgado; os segredos do seu coração tornam-se manifestos. Então, prostrado com a face em terra adorará a Deus e proclamará que Deus está realmente entre vós**".

— **por meio de uma palavra de consolação ou ânimo**, como vemos acontecer na Igreja de Antioquia: "**Judas e Silas, que eram também profetas, dirigiram aos irmãos muitas palavras de exortação e de animação**" (At 15,32).

— **anunciar fatos sobre acontecimentos do futuro: "Um deles, chamado Ágabo, levantou-se e deu a entender pelo Espírito que haveria grande fome em toda a terra. Esta, com efeito, veio no reinado de Cláudio**" (At 11,28). É preciso equilíbrio para entender que quando o Senhor dá ao profeta alguma revelação sobre o futuro, sendo o conteúdo algo trágico, concede ao mesmo tempo orientação para enfrentar aquela situação. A verdadeira profecia fala do futuro, sem dar detalhes de como acontecerá, não cria pânico e sim encorajamento. O profeta autêntico não traz nada que modifique a Escritura ou gere conflitos entre irmãos ou com as autoridades legítimas da Igreja.

EVANGELISTAS

Este ministério diz respeito aos que levam o evangelho àqueles que ainda não o ouviram. Trata-se de um serviço distinto dos apóstolos, pastores, mestres ou profetas. O modelo bíblico deste ministério o encontramos com detalhes em At 8,5-7: "**Assim Felipe desceu à cidade de Samaria, pregando-lhes Cristo. A multidão estava atenta ao que Felipe dizia, escutando-o unanimemente e presenciando os prodígios que fazia, pois os espíritos imundos de muitos possessos saíam levantando grandes brados. Igualmente foram curados muitos paralíticos e coxos.**" O evangelista é aquele que cheio do Espírito Santo, em qualquer circunstância, deseja alcançar almas para Jesus; apresenta a sua mensagem individualmente ou a massas, tendo sempre em vista a conversão dos pecadores. A comunicação das verdades bíblicas não é baseada na retórica humana, mas é fruto de unção especial do alto, para o serviço de levar as pessoas a um encontro marcante com Jesus.

PASTOR

Enquanto o evangelista introduz na comunidade aquele que deseja seguir a Cristo, o pastor tem o ministério de zelar para que a ovelha receba alimento a fim de perseverar na sua decisão. Uma descrição bela do ministério do pastor está apresentada no Salmo 22. No Novo Testamento Jesus é chamado de "**o bom pastor**" (Jo 10,11) e "**o grande pastor das ovelhas**" (Hb 13,20) ou "**o Supremo pastor**" (1Pd 5,4). Deste modo, em primeiro lugar, o ministério do pastoreio diz respeito àqueles que são chamados pelo Pastor dos pastores para, de um modo mais consagrado, pastorear Suas ovelhas, e estes são os ministros ordenados; em comunhão com o pastor ordenado existem leigos que também recebem o dom de aconselhar, orientar e zelar por um determinado número de ovelhas. Este ministério é muito importante principalmente quando realizado com sincero desejo de ajudar as ovelhas a caminhar firmes na fé em Jesus. O pastor (ou o líder) não pode perder de vista que o rebanho não lhe pertence, assim o seu trabalho é realizado sempre em submissão a Jesus, tendo como sinal visível a obediência à Igreja. Quando um pastor guia o rebanho apartado da Igreja, o seu trabalho perde a credibilidade, pois o Espírito Santo não é espírito de desunião. No livro de Atos dos Apóstolos nos é dada uma pequena amostra da forma como os primeiros cristãos começaram a viver depois Pentecostes: "**Perseveravam eles na doutrina dos apóstolos, nas reuniões em comum, na fração do pão e nas orações**" (At 2,42).

DOUTORES OU MESTRES

São homens e mulheres que recebem um carisma especial para ensinar a Palavra de Deus e a doutrina cristã, de modo que os cristãos não venham a ser desviados da sã verdade. O doutor ou mestre necessita estar sempre cheio do Espírito, para não apresentar conclusões baseadas em raciocínios humanos ou idéias pessoais que levam para o erro, mantendo-se fiel ao depósito da fé confiado por Jesus à

Igreja. "**...Irmãos ficai firmes; guardai as tradições que vos ensinamos oralmente ou por escrito**" (2Ts 2,15). Estas palavras de Paulo revelam o cuidado para não cair na pretensão de criar doutrina nova, ao contrário, o doutor deve aprofundar o que sempre os cristãos acreditaram, sendo capaz de traduzir esta mensagem antiga de um modo atual, de tal forma que não perca o seu conteúdo original. Esta atitude de fidelidade à doutrina cristã recebida das origens demonstra a docilidade ao Espírito Santo, como Aquele que conduz a Igreja sempre na verdade. O ministério do ensino na Igreja, e de modo particular nos diversos trabalhos pastorais ou nos movimentos, é de fundamental importância para que os cristãos não sejam confundidos por doutrinas falsas, revestidas de uma pretensa fundamentação bíblica. Há sempre o perigo da fascinação pela oratória de certos líderes, que revestidos da capa de mestres da Palavra levam o rebanho ao erro. Quanto a isso é bom lembrar sempre as palavras de Gl 1,6-7: "**Estou admirado de tão depressa passeis daquele que vos chamou à graça de Cristo para um evangelho diferente. De fato, não há dois evangelhos: há apenas pessoas que semeiam a confusão entre vós e querem perturbar o evangelho de Cristo**".

Em certos ambientes cristãos, existe o engano de imaginar que tendo a plenitude do Espírito Santo não precisamos gastar tempo em preparar o que será transmitido, pois o Senhor na hora concede alguma revelação. Não podemos esquecer que os apóstolos foram preparados pelo Senhor durante três anos para serem autênticos pregadores da fé; neste tempo ouviram o que o mestre lhes ensinava, com isso adquiriram o conteúdo para que se cumprisse uma das promessas do Espírito Santo: "**...O Paráclito, o Espírito Santo, que o Pai enviará em meu nome, ensinar-vos-á todas as coisas e vos recordará tudo o que vos tenho**

dito" (Jo 14,26). E, se um dos ministérios suscitados pelo Espírito Santo é o do doutor ou mestre, deve sempre haver aqueles que se dedicam com afinco ao estudo da Palavra e doutrina, para que não falte instrução sadia ao Povo de Deus. Na Igreja primitiva o ensino contínuo garantiu a unidade durante séculos.

EXORTAÇÃO

Os cristãos sabem nas tribulações motivar a comunidade a não desanimar, ajudando-a a perseverar na dedicação ao Senhor e na comunhão com a Igreja. Encontramos um exemplo deste serviço em Atos 14,21-22: "**Depois de ter pregado o evangelho à cidade de Derbe, onde ganharam muitos discípulos, voltaram para Listra, Icônio e Antioquia. Confirmaram as almas dos discípulos e exortavam-nos que era necessário entrarmos no Reino de Deus por meio de muitas tribulações".**

CONTRIBUIÇÃO FINANCEIRA

A Palavra de Deus é clara ao afirmar que todos os cristãos são chamados com liberalidade a dar a sua contribuição financeira para a continuidade da pregação: "**Dê cada um conforme o impulso do seu coração, sem tristeza nem constrangimento. Deus ama o que dá com alegria.**" (2Cor 9,7). Entretanto, o Espírito Santo dá a alguns cristãos a capacidade de descobrir as necessidades de pessoas ou obras da Igreja. São pessoas cheias de generosidade como a pobre viúva que "**...Pôs, da sua indigência, tudo o que tinha para o seu sustento.**" (Mc 12,44); ou como os cristãos pobres da Macedônia elogiados por Paulo em 2Cor 8,1-2: "**Desejo dar-vos a conhecer, irmãos,**

a graça que Deus concedeu às Igrejas da Macedônia. Em meio a tantas tribulações com que foram provadas, espalharam generosamente e com transbordante alegria, apesar de sua extrema pobreza, os tesouros de sua liberalidade."

PRESIDÊNCIA (LIDERANÇA)

Este é um dom particularmente necessário aos ministros ordenados e a todos os que estão na direção de algum trabalho dentro da Igreja. A liderança autêntica é exercida estando à frente dos trabalhos como aquele que coordena e leva todos a se empenhar com dedicação na construção do Reino de Deus. Não pode ser confundida com a tendência de dominação sobre os outros, como previne 1Pd 5,2-3: **"Velai sobre o rebanho de Deus, que vos é confiado. Tende cuidado dele, não constrangidos, mas espontaneamente, não por amor de interesse sórdido, mas com dedicação; não como dominadores absolutos sobre as comunidades que vos são confiadas, mas como modelos do vosso rebanho".**

Quando o líder é realmente ungido com o poder do alto, é sempre exemplo de unidade com os demais líderes da Igreja, jamais sendo a causa da desunião ou de isolamento do seu trabalho do resto da Igreja.

MISERICÓRDIA

A misericórdia é o dom de sentir compaixão pelo sofrimento dos outros, estando disponível para ajudá-los. Neste sentido, a Igreja não pode descuidar deste ministério tão importante em favor dos sofredores de toda ordem, para que a sua pregação tenha credibilidade diante do mundo. O Espírito Santo suscita livremente pessoas generosas capazes de visitar ou cuidar dos doentes, idosos, crianças, providenciar alimentos aos famintos, apoiar a recuperação dos alcóolatras e drogados etc. "**...Tive fome e me destes de comer; tive sede e me destes de beber; era peregrino e me acolhestes; nu, e me vestistes; enfermo, e me visitastes; estava na prisão e viestes a mim... Todas as vezes que fizestes isto a um destes pequeninos, foi a mim mesmo que o fizestes**" (Mt 25,35-36.40).

Estes carismas de ministério são somente uma amostra de tantos outros serviços que o Espírito Santo suscita quando os cristãos estão dispostos a andar com a sua direção. Os ministérios têm por finalidade principal "**o aperfeiçoamento dos cristãos, para o desempenho da tarefa que visa à construção do corpo de Cristo**" (Ef 4,12). E este aperfeiçoamento deve levar "**à unidade da fé**" (Ef 4,13). Se algum cristão exercita o seu dom somente para si ou em um grupo fechado, gera dificuldades para o Corpo de Cristo; e toda falta de comunhão é pecado contra "**o amor de Deus derramado em nossos corações pelo Espírito Santo que nos foi dado**" (Rm 5,5).

ESTUDO

1. Os sete dons do Espírito Santo são: ....
................................., ...
................, ... São dados para ....

2. Os carismas são dados para ....

3. Explique a comparação de São Paulo da Igreja com um corpo feito de diversos membros.

4. A palavra carisma significa ....que realiza através de uma tríplice obra do Espírito ......
....

5. a – Quem tem um carisma possui um grau de perfeição superior aos demais. Verdade ( ) Mentira ( ) explique a sua resposta.

b – O Espírito Santo, segundo a sua livre vontade, concede a cada cristão um ou mais carismas. Verdade ( ) Mentira ( ) fundamente a sua escolha.

c – Deus nos concede o direito de escolher o carisma que desejamos. Verdade ( ) Mentira ( ) explique.

6. Existe uma lista fixa dos carismas? Complete a resposta citando algum texto da Escritura.

7. Os dois grupos principais dos carismas são: ....
.................................e..

8. Qual o sentido da palavra ministério?
....

9. Explique com poucas palavras o significado dos seguintes ministérios:

– Apóstolo: ....
– Profeta: ....
– Evangelista: ....
– Pastor: ....
– Doutor: ....

– Exortação: ....
– Contribuição: ....
– Presidência: ....
– Misericórdia: ....

Estes são os ministérios fixos dados por Deus. Certo ( ) Errado ( ) explique a sua escolha.

10. Identifique quais ministérios presentes em sua paróquia e no grupo que você participa e quais estão sendo necessários.

....
....
....

SUGESTÃO PARA ORAÇÃO SEMANAL:

— Comece com a invocação ao Espírito Santo, completando com as suas palavras um pedido para que Deus o torne um instrumento para o bem de toda a Igreja. Peça ao Senhor que o carisma segundo a Sua vontade.

— Leia os textos bíblicos lembrando o que foi estudado.

— Apresente novamente o seu pedido para que Ele lhe conceda os Seus carismas de ministérios.

INVOCAÇÃO AO ESPÍRITO SANTO

Vem Espírito Santo,
enche os corações dos teus fiéis
e acende neles o fogo do teu amor
envia o teu Espírito Santo e tudo será criado
e renovarás a face da terra.

Oremos:

Deus, que instruístes os corações dos teus fiéis
com a luz do Espírito Santo,
fazei que apreciemos retamente todas as coisas
segundo o mesmo Espírito
e gozemos sempre de sua consolação
por Cristo nosso Senhor.

Amém.

TEXTOS PARA A ORAÇÃO

Primeiro	dia:	Is 11,1-9 (Peça os sete dons do Espírito Santo)
Segundo	dia:	1Cor 12,12-14.27-30
Terceiro	dia:	Ef 4,1-6
Quarto	dia:	Ef 4,7-13
Quinto	dia:	1Pd 4,7-11
Sexto	dia:	Rm 12,3-8
Sétimo	dia:	Rm 12,9-21

Capítulo VII

Os carismas de sinal

Quando lemos o Novo Testamento ficamos impressionados por ver nas reuniões da Igreja primitiva a manifestação de sinais extraordinários ou sobrenaturais. Chama a atenção o fato ocorrido na sala do cenáculo, no dia de Pentecostes, quando "**ficaram todos cheios do Espírito Santo e começaram a falar em outras línguas, conforme o Espírito lhes concedia que falassem**" (At 2,4); também a descrição de como estes cristãos cheios do Espírito passaram a viver a fé: "**Pelos apóstolos foram feitos também muitos prodígios e milagres...**" (At 2,43); e a forma como rezavam: "**Agora, pois, Senhor, olhai para as suas ameaças e concedei aos vossos servos que com todo o desassombro anunciem a vossa Palavra. Estendei a vossa mão para que se realizem curas, milagres e prodígios pelo nome de Jesus, vosso santo servo.**" É marcante o modo como é apresentada a resposta de Deus: "**Mal acabaram de rezar, tremeu o lugar onde estavam reunidos. E todos ficaram cheios do Espírito Santo e anunciavam com intrepidez a Palavra de Deus**" (At 5,29-31). Estes três textos são somente uma amostra da vitalidade da vida daqueles homens e mulheres do início do cristianismo. Apesar de ser para nós algo fora do normal esta manifestação dos carismas, nos primeiros anos da Igreja era lugar-comum o exercício destes dons de sinal, dando à vida pessoal dos cristãos e às suas reuniões a experiência de entrar na glória de Deus.

O que acabamos de expor faz surgir a pergunta: **Os dons extraordinários ou carismas de sinal são ainda para os nossos dias?** Este questionamento esteve presente em algumas sessões do Concílio Vaticano II, onde destacaram-se principalmente duas posições: de um lado a opinião de que os dons extraordinários foram úteis para o início do cristianismo e em nossos dias raros e excepcionais; em outro extremo aqueles que defendiam a atualidade dos carismas. Entre os defensores desta última posição estava o cardeal Suenens, que afirmava: "**Os carismas não são fenômenos acidentais ou periféricos na vida da Igreja, ao contrário, são de vital importância para o crescimento da Igreja.**". Prevaleceu no Concílio esta posição, dando à Igreja orientação clara sobre os carismas: "**Estes carismas quer eminentes, quer mais simples e mais amplamente difundidos devem ser recebidos com gratidão e consolação, pois são perfeitamente acomodados e úteis às necessidades da Igreja**". (Lumem gentium 12). Alguns anos mais tarde o papa Paulo VI reunido com líderes de grupos de oração do mundo inteiro falou: "**O espírito, quando vem, concede dons; já conhecemos os sete dons do Espírito Santo. Mas ele também dá outros dons que agora chamamos — não somente agora ...mas sempre — carismas**". Como já tivemos oportunidade de examinar, no Catecismo da Igreja Católica é reafirmada a doutrina do Concílio: "**São além disso graças especiais, designadas também de carismas, segundo a palavra grega empregada por São Paulo, e que significa favor, dom gratuito, benefício.**

Seja qual for o seu caráter, às vezes extraordinário, como o dom de milagres ou de línguas, os carismas se ordenam à graça santificante e têm como meta o bem comum da Igreja". (CIC nº 2003).

A palavra da Igreja é clara e segura: **Os carismas de sinal nada têm de estranho à doutrina católica, não são uma novidade, pois sempre fizeram parte do tesouro do Espírito, dado para a edificação da Igreja.** Deste modo, desde Pentecostes até a volta do Senhor, o Espírito Santo constrói e vivifica a Igreja, pois os carismas são manifestações do Espírito na Igreja e para a Igreja.

O EXERCÍCIO DOS CARISMAS

Todas as vezes em que está envolvido o sobrenatural corre-se o risco de cair em algum exagero espiritual. Receber os carismas do Espírito é algo tão grandioso que podemos ficar tão embebidos nesta maravilha e perder de vista a razão pela qual o Senhor concede tais graças.

Em 1980, o papa João Paulo II falando dos carismas a membros de grupos de oração da Itália deu esta segura orientação: **"Que perspectiva amplas se abrem, filhos queridos, diante de nossos olhos? Certamente não faltam riscos, porque a ação do espírito se desenvolve em vasos de barro (cf. 2Cor 4,7), que podem reprimir sua livre expansão. Vós conheceis quais são: uma excessiva importância dada, por exemplo, à experiência emocional do divino; a busca desmedida do espetacular e do extraordinário; o ceder a interpretações apressadas e desviadas da Escritura; um debruçar-se sobre si mesmo que foge do compromisso apostólico, a complacência narcisista que se isola e se fecha. Estes e outros**

são os perigos que surgem em vosso caminho, e não só no vosso. Dir-se-vos-ia com São Paulo: "Provai tudo e ficai com o que é bom" (1Ts 5,21). Isto é, permanecei em atitude de constante e agradecida atividade para todo dom que o Espírito deseja difundir em vossos corações, mas não esquecendo, contudo, que não há carisma que não seja dado "para utilidade comum (1Cor 12,7). Aspirai, em todo caso, aos carismas melhores (1Cor 12,31)."

Os carismas são manifestações gratuitas do Espírito derramadas em nossa vida não como um brinquedo para nos entreter em nossas reuniões, e muito menos ser usados para tentar provar uma pretensa santidade em relação aos demais cristãos. O Senhor Jesus nos previne que mesmo com carismas podemos ir para o inferno: **"Nem todo aquele que me diz: Senhor, Senhor, entrará no reino dos céus, mas aquele que faz a vontade de meu Pai que está nos céus. Muitos me dirão naquele dia: Senhor, Senhor, não pregamos nós em vosso nome e não foi em vosso nome que expulsamos os demônios e fizemos muitos milagres? E no entanto eu lhes direi: nunca vos conheci. Retirai-vos de mim, operários maus"** (Mt 7,21-23). Repare como o Senhor chama a nossa atenção para não nos deixarmos iludir somente pelo fato de existirem sinais espetaculares (**expulsar demônios, curas...**), o que importa para Ele é se estamos realmente vivendo a Palavra. Infelizmente, os milagres podem ser simulados pelos homens para enganar, ou pior, **"a manifestação do ímpio será acompanhada, graças ao poder de Satanás, de toda a sorte de portentos, sinais e prodígios enganadores"** (2Ts 2,9).

O meio seguro para o exercício dos dons é apontado pelo apóstolo Paulo em 1Cor 12,31: "**Aspirai aos dons superiores. E agora, ainda vou indicar-vos o caminho mais excelente de todos"**. Qual é este caminho? "**Ainda que eu falasse as línguas dos homens e dos anjos, se não tiver a caridade, sou como o bronze que soa, ou como o címbalo que retine. Mesmo que eu tivesse o dom da profecia, e conhecesse todos os mistérios e toda a ciência; mesmo que tivesse toda a fé, a ponto de transportar montanhas, se não tiver caridade, não sou nada. Ainda que distribuísse todos os meus bens em sustento aos pobres e ainda que entregasse o meu corpo para ser queimado, se não tiver caridade, de nada valeria**" (1Cor 13,1-3). Na Bíblia não existe atitude negativa para com os carismas de sinal, entretanto devem crescer junto com o amor.

Outro ponto importante é ter sempre presente a razão pela qual o Senhor concede os carismas do Espírito: "**A cada um é dada a manifestação do Espírito para proveito comum**" (1Cor 12,7) e "**assim, uma vez que aspirais aos dons espirituais, procurai tê-los em abundância para a edificação da Igreja**" (1Cor 14,12). Os dons não são dados simplesmente para nós, mas para o bem de todos e o fortalecimento da Igreja. Os carismas de sinal não são concedidos para que alguns se destaquem dos outros e sim para o serviço da evangelização, como sinal do fluir do amor habitando em nosso interior em favor de todos os homens. Os sinais e prodígios eram na Igreja primitiva meios para dar maior força à pregação da Palavra: jamais foram usados como chamariz para engordar grupos ou igrejas. Um correto exercício dos dons não pode transformá-los no centro das atenções seja na vida pessoal, seja nas reuniões públicas.

Outro modo para não entristecer o Espírito Santo é entender que o exercício dos carismas é para a unidade do Corpo de Cristo e nunca para a sua divisão. Quando recebemos algum carisma existe sempre a tentação de cair no orgulho cego que nos transforma em donos da verdade. Daí uma maneira de reconhecer se realmente possuímos um carisma autêntico é a **obediência** e a **submissão.** Não se trata da obediência até onde concordamos ou somente de aparências, mas do esvaziamento da nossa opinião para agradar a Deus por meio da autoridade da Igreja. O nosso modelo é o próprio Jesus: "**Sendo ele de condição divina, não se prevaleceu de sua igualdade com Deus, mas aniquilou-se a si mesmo, assumindo a condição de escravo, assemelhando-se aos homens. E sendo exteriormente reconhecido como homem, humilhou-se ainda mais, tornando-se obediente até a morte, e morte de cruz. Por isso Deus o exaltou soberanamente e lhe outorgou o nome que está acima de todos os nomes**" (Fl 2,5-9). Jesus nunca se rebelou contra as autoridades religiosas dos judeus, mesmo quando apontava as suas falhas não procedeu com espírito de divisão, tanto é verdade que morreu judeu. A sua pregação confirmava tal preocupação: "**Não julgueis que vim abolir a lei e os profetas. Não vim para os abolir, mas sim para levá-los à perfeição**" (Mt 5,17). Outro exemplo é o apóstolo Paulo, no início rejeitado pela Igreja, não se deixou invadir pela tentação de criar um trabalho independente e pessoal, ao contrário, sempre procurou a aprovação dos apóstolos em Jerusalém: "**Chegando a Jerusalém, tentava ajuntar-se aos discípulos, mas todos o temiam, não querendo crer que se tivesse tornado discípulo**" (At 9,26). No testemunho de Paulo a lição é, quando o Espírito Santo está agindo com plenitude nos dá força para não desanimarmos diante das críticas ou perseguições dentro da Igreja. A nossa firmeza amorosa e fidelidade à Igreja produzem a mudança de atitudes. "**Então Barnabé levou-o consigo, apresentou-o aos apóstolos e contou-lhes como Saulo vira o Senhor no caminho, e como em Damasco pregara, com desassombro, o nome de Jesus. Daí por diante permaneceu com eles, saindo e entrando em Jerusalém, e pregando, destemida-**

mente, o nome do Senhor" (At 9,27-28). Quando o exercício dos carismas causa confusão não tem uma origem boa, pois a obra do Espírito não é para a destruição da Igreja. Toda renovação do Espírito é autêntica quando nos faz permanecer naquele lugar onde o Senhor começou a manifestar-se "**...Porquanto Deus não é Deus de confusão, mas de paz"** (1Cor 14,33).

Os carismas extraordinários não podem ser justificativas para a divisão, seja dentro da própria Igreja, seja na formação de novas Igrejas. Tal atitude contraria a finalidade do derramar do Espírito e revela ainda o domínio da carne. **"Sede solícitos em conservar a unidade do Espírito no vínculo da paz. Sede um só corpo e um só Espírito, assim como fostes chamados pela vossa vocação a uma só esperança. Há um só senhor, uma só fé, um só batismo. Há um só Deus e Pai de todos, por todos e em todos"** (Ef 4,3-6).

E, finalmente, convém recordar as palavras de Paulo VI, dirigidas aos representantes da renovação carismática, reunidos para o III Congresso Internacional na cidade de Roma, sobre a doutrina de São Paulo acerca dos carismas.

O primeiro princípio, com que começa a sua exposição, é a fidelidade à doutrina autêntica da fé (cf. 1Cor 12,1-3). O que contradiz esta doutrina não pode vir do Espírito Santo: aquele que distribui seus dons é o mesmo que inspirou a Escritura e assiste o magistério vivo da Igreja, à qual, segundo a fé católica, Cristo confiou a interpretação autêntica da Escritura (cf. Dei Verbum, 10). Por isso sente-se a necessidade de uma formação doutrinal cada vez mais profunda: bíblica, espiritual, teológica. Somente uma formação assim, cuja autenticidade a hierarquia terá garantia, preservará dos desvios sempre possíveis e proporcionará a certeza e o gozo de ter servido à causa do Evangelho "não como quem açoita o ar" (1Cor 9,26).

Segundo princípio: Todos os dons espirituais devem ser recebidos com gratidão; e vós sabeis que sua enumeração é longa (cf. 1Cor 12,4-10.28-30); sem aliás pretender ser completa (cf. Rm 12,6-8; Ef 6,11). Todavia, concedidos "para comum utilidade" (1Cor 2,7), nem todos contribuem para ela no mesmo grau. Por isso, os coríntios devem aspirar "aos melhores dons" (1Cor 12,31), os mais úteis à comunidade (1Cor 14,1-5).

O terceiro princípio é o mais importante no pensamento do apóstolo. Ele sugeriu uma das páginas mais belas de todas as literaturas, à qual um autor recente deu o título evocador: "Acima de tudo paira o amor" (E. Osty)."

Em 1Cor 12,8-11 São Paulo apresenta uma lista sobre os carismas de sinal: **"A um é dada pelo Espírito uma palavra de sabedoria; a outro, uma palavra de ciência, por esse mesmo Espírito; a outro, a fé, pelo mesmo Espírito; a outro a graça de curar as doenças, no mesmo Espírito; a outro o dom de milagres; a outro a profecia; a outro, a variedade de línguas; a outro, por fim, a interpretação das línguas. Mas um e o mesmo Espírito distribui estes dons, repartindo a cada um como lhe apraz".**

Para facilitar o nosso estudo dividiremos os nove carismas em três grupos distintos:

A – CARISMAS DE INSPIRAÇÃO:

Profecia, línguas e interpretação.

B – CARISMAS DE REVELAÇÃO:

Sabedoria, ciência e discernimento dos espíritos.

C – CARISMAS DE PODER

Cura, milagres e fé

OS CARISMAS DE INSPIRAÇÃO

PROFECIA

Não podemos confundir o carisma de profecia com o ministério do profeta. O primeiro pode surgir espontaneamente durante uma Assembléia de oração, na qual alguém movido pelo Espírito Santo transmite, de modo breve, uma inspiração profética da parte de Deus; já o segundo é dado pelo Senhor de modo estável para ser exercido em favor da Igreja. A vocação profética implica possuir o carisma de profecia, mas nem todos que recebem este carisma são chamados a exercer o ministério de profeta.

Esta distinção encontramos na Escritura Sagrada quando se refere aos profetas e à profecia. Por exemplo, no episódio dos setenta anciãos que ajudavam Moisés: **"O Senhor desceu na nuvem e falou a Moisés; tomou uma parte do Espírito que o animava e o pôs sobre os setenta anciãos. Apenas repousara o Espírito sobre eles, começaram a profetizar; mas não continuaram"** (Nm 11,25). O apóstolo Paulo confirma esta visão ao dizer em 1Cor 14,32: "Vós **todos podeis profetizar, mas cada um em seu turno, para que todos sejam instruídos e encorajados."** (1Cor 14,31); entretanto, é dito também que não exista confusão no meio do povo de Deus: "**Os Espíritos dos profetas estão submissos aos profetas. Pois Deus não é um Deus de desordem, mas de paz**" (1Cor 14,32 — tradução Bíblia de Jerusalém). Convém chamar atenção para que não exista uma interpretação errada, a palavra **todos** não significa necessariamente que todos devam receber este carisma, mas que Deus com liberalidade pode concedê-lo espontaneamente de acordo com a necessidade do momento, cabendo àqueles que têm o ministério de profeta o discernimento da manifestação deste carisma.

Na igreja primitiva, como já estudamos, havia o ministério do profeta, sendo citado no Novo Testamento o nome de alguns: Ágabo (Atos 11,28; 21,10); os cinco profetas e doutores da igreja de Antioquia, entre os quais Barnabé e Paulo (Atos 13,1-2); Judas e Silas (Atos 15,32). Estas pessoas ocupavam um lugar de destaque na vida da Igreja.

Paralelamente ao ministério de profeta, lendo 1Cor 12-14, podemos deduzir que o carisma de profecia era usado normalmente durante uma Assembléia de oração. Em 1Cor 14,1 Paulo incentiva os coríntios a buscar este carisma: "**Empenhai-vos em procurar a caridade. Aspirai igualmente aos dons espirituais, mas sobretudo ao de profecia**"; como também o faz em 1Cor 14,5: "**Ora, desejo que todos faleis em línguas, porém, muito mais desejo que profetizeis**". É interessante observar que termina este mesmo capítulo exortando: "**Assim, pois, irmãos, aspirai ao dom de profetizar...**" (1Cor 14,39). Não podemos esquecer que este carisma foi profetizado como um sinal do derramar do Espírito: "**Depois disso acontecerá que derramarei o meu Espírito sobre todo ser vivo: vossos filhos e vossas filhas profetizarão**" (Jl 3,1).

O que é o carisma de profecia

Paulo em 1Cor 14,3.24.31 indica a finalidade deste carisma: "**Aquele que profetiza fala aos homens para edificá-los, exortá-los e consolá-los**" (ver 3); "**Se, porém, todos profetizarem, e entrar ali um infiel ou um homem simples, por todos é convencido**" (ver 24); "**Todos, um após outro, podeis profetizar, para todos aprenderem e serem todos exortados**" (ver 31). O exercício do carisma da profecia traz à Igreja a edificação, exortação, consolação e instrução da parte de Deus.

Neste sentido a profecia não pode ser vista como simples previsão do futuro, mas, muito mais, como palavra do Senhor dirigida para orientar como proceder em relação ao futuro. Daí a profecia ser dada para:

— **edificar e instruir:** a verdadeira profecia dá aos cristãos maior profundidade da Palavra levando-os a maior comunhão com Deus. O carisma de profecia deve andar junto com o ministério do doutor. Para que a profecia não leve ao fanatismo necessita da instrução segura da sã doutrina, e o ensino da doutrina para não cair em intelectualismo frio necessita do ardor profético. Quando estes dois tipos de ministérios andam juntos colaboram para a plena realização da obra de Deus entre os homens.

— **consolar:** uma profecia para ser verdadeira não pode nunca trazer incerteza ou tristeza, mas dar à Igreja o encorajamento para permanecer firme apesar das dificuldades de qualquer ordem ou circunstâncias de dor. Em virtude desta consolação tão necessária ao povo de Deus, o Senhor Jesus prometeu enviar o Espírito Santo, o Consolador: "**Mas o Paráclito (= consolador), o Espírito Santo, que o Pai enviará em meu nome...**" (Jo 14,26).

— **exortar:** a profecia não pode ser confundida como sendo acusação contra determinada pessoa ou mesmo contra a comunidade e assim gerando sentimento de culpa. A exortação vinda de Deus traz ânimo e ajuda com misericórdia aquele que está no erro a reencontrar o caminho da salvação.

Cuidado com os falsos profetas e falsas profecias

Quando está envolvido o sobrenatural pode surgir o engano. Os homens se deixam iludir pelo extraordinário, neste sentido é necessário o discernimento para reconhecer a verdadeira profecia da falsa.

Nem tudo o que reluz é ouro, do mesmo modo nem todo o que fala em nome de Deus merece crédito. Quem nos alerta sobre o perigo dos falsos profetas é o próprio Jesus em Mt 7,15: "**Guardai-vos dos falsos profetas. Eles vêm a vós disfarçados de ovelhas, mas por dentro são lobos arrebatadores**". Ao dizer que os falsos profetas vêm **disfarçados de ovelhas**, mostra que possuem aparência de cristãos, e até realizam sinais e prodígios para enganar os ingênuos, como lemos em Mt 7,22: "**Senhor, Senhor, não pregamos em vosso nome, e não foi em vosso nome que expulsamos os demônios e fizemos muitos milagres**". A habilidade em operar sinais e prodígios não é prova suficiente para a autenticidade de um profeta ou profecia.

Um critério importante para reconhecer a verdade de uma profecia está em determinar de que espírito está inspirado aquele que profetiza. Três são as possíveis fontes de uma profecia.

— **Espírito Santo:** que dos mais diferentes modos dá a inspiração profética aos homens. A Bíblia mostra que as profecias eram recebidas com **visões**, por exemplo como encontramos em Is 6,1: "**No ano da morte do rei Ozias, eu vi o Senhor sentado num trono muito elevado...**"; ou pela **audição** como está apresentado em Is 6,8: "**Ouvi então uma voz do Senhor que dizia...**"; ou pela experiência de **receber diretamente em seus lábios** a mensagem profética: "**...Eis que coloco minhas palavras nos teus lábios**" (Jr 1,9).

No Novo Testamento a maneira de o Espírito Santo manifestar-se continuou a mesma. Os evangelhos apresentam Jesus com visões: "**Vi Satanás cair do céu como um raio**" (Lc 10,18); ouvindo a voz de Deus "**...Nisso veio do céu uma voz:...**" (Jo 12,28). No livro de Atos existem muitos textos apresentando visões por parte dos membros da Igreja primitiva. "**Havia em Damasco um discípulo chamado Ananias. O Senhor numa visão, lhe disse: Ananias**" (At 9,10). (Outros textos: Atos 10,3ss.; 16,9ss. e de modo especial o Apocalipse escrito a partir das visões concedidas a João na ilha de Patmos.)

A questão é distinguir a genuína operação do Espírito daquela enganosa. A verdadeira profecia cresce no solo da obediência aos pastores e amor pela unidade da Igreja. A profecia não leva a negar a Igreja, mas a buscar a sua renovação. Deus não pode negar a palavra profética de Jesus: "...**Tu és Pedro, e sobre esta pedra edificarei a minha Igreja, e as portas do inferno não prevalecerão contra ela**" (Mt 16,18). Toda profecia tem como pano de fundo o aperfeiçoamento da Igreja e dos seus membros.

— **Maligno:** a Sagrada Escritura nos previne que o espírito do mal pode usar homens com a aparência de religiosos para tentar enganar os homens. O mal de muitos cristãos é não conhecerem de fato a Palavra, e por isso com facilidade deixam-se envolver por erros de falsos profetas. Trata-se da fascinação pela novidade sem discernimento. Quando um profeta ou profecia trazem algo contrário à Palavra, à tradição e à autoridade da Igreja não é de Deus. Em Gl 1,8 está escrito: "...**Ainda que alguém, nós ou um anjo baixado do céu, vos anunciasse um evangelho diferente do que vos temos anunciado, que ele seja anátema.**"; a outra orientação importante de Paulo diz respeito à fidelidade a fé vinda desde o início do cristianismo: "...**Irmãos ficai firmes; guardai as tradições que vos ensinamos oralmente ou por escrito.**" (2Ts 2,15).

— **a natureza humana:** os falsos profetas movidos por interesses falam somente o que o povo quer ouvir e não o que realmente precisa. Sobre este perigo falou Deus por intermédio do profeta Jeremias: "**Eis o que diz o Senhor dos exércitos: não escu-**

teis os profetas que vos transmitem vãos oráculos; são visões do próprio espírito que vos divulgam e não as palavras do Senhor" (Jr 23,16).

LÍNGUAS E INTERPRETAÇÃO

Este é um carisma com ardorosos defensores e, por outro lado, provoca zombarias e descrédito. Existem os que afirmam ser o sinal do batismo no Espírito e outros o julgam desnecessário para a vida cristã. Onde está a razão?

O nosso ponto de partida é a Escritura, nela nos é ensinado que se trata de um presente dado pelo próprio Deus junto com todas as outras graças: "**...A outro, a variedade de línguas, a outro, por fim, a interpretação de línguas**" (1Cor 12,10). Deste modo, antes de ser contra este carisma é necessário examinar os textos referentes a este tema.

O melhor caminho para esta compreensão bíblica está na leitura de 1Cor 12-14. A primeira dificuldade para uma interpretação do dom de línguas e mesmo dos outros carismas a encontramos em 1Cor 12,1: "**A respeito dos dons espirituais, irmãos, não quero que vivais na ignorância.**". A ignorância dos coríntios não era quanto à manifestação, mas ao exercício correto dos mesmos. Em nosso caso a ignorância vem do fato de o dom de línguas ser desconhecido e visto como novidade exótica. Para os coríntios era algo normal em suas Assembléias de oração, já para os nossos dias é visto como sem sentido ou manifestação exagerada dos carismáticos.

Apesar de o texto de 1Cor 12-14 ter a sua limitação no fato de Paulo estar falando com pessoas familiarizadas com os carismas, portanto não havendo a preocupação em explicá-los detalhadamente, ainda assim aí são dados esclarecimentos preciosos.

O que é o dom de línguas?

Esta pergunta está respondida em 1Cor 14,2: "**Aquele que fala em línguas não fala aos homens, senão a Deus: ninguém o entende, pois fala coisas misteriosas, sob ação do Espírito Santo**". O carisma de línguas trata-se de um dom sobrenatural do qual temos o controle para iniciar e terminar, mas o que dizemos é fruto do Espírito Santo orando em nós e por nós: "**Se não houver intérprete, fiquem calados na reunião, e falem consigo mesmos e com Deus**" (1Cor 14,28).

Quando oramos em línguas não usamos a nossa linguagem normal: "**Se eu oro em virtude do dom de línguas, o meu Espírito ora, mas o meu entendimento fica sem fruto**" (1Cor 14,14). A resistência a este dom vem do fato de não sermos capazes de imaginar a possibilidade de não estarmos no controle do que falamos para Deus na oração. A espiritualidade da maioria dos cristãos está fundamentada na impressão de que orar é recitar algumas orações, ler trechos da Escritura, cantar hinos, fazer silêncio e nada mais. Entretanto, esta é somente parte daquilo que o Espírito Santo pode dar para enriquecer e fazer transbordar a nossa intimidade com Deus.

O exercício do dom de línguas

O dom de línguas é primeiramente dado para a nossa oração pessoal. "**Aquele que fala em línguas edifica-se a si mesmo**" (1Cor 14,4). É como uma ajuda extra e eficaz, principalmente para não cair na rotina espiritual ou para continuar orando mesmo naqueles momentos em que as palavras parecem difíceis de brotar do nosso coração. "**Outros-**

sim, o Espírito vem em auxílio à nossa fraqueza; porque não sabemos o que devemos pedir, nem orar como convém, mas o Espírito mesmo intercede por nós com gemidos inefáveis" (Rm 8,26).

O que não significa que o Espírito Santo ore em nós sem a nossa participação, se assim fosse seríamos meros espectadores. O Espírito Santo não substitui o nosso espírito para orar, na verdade Ele "**se une ao nosso Espírito para testemunhar que somos filhos de Deus"** (Rm 8,16) (Tradução Bíblia de Jerusalém).

O conteúdo principal da oração em línguas é o louvor: "**...Eles os ouviam falar, falar em outras línguas e glorificar a Deus"** (At 10,46); e a intercessão: "**Aquele que perscruta os corações sabe o que deseja o Espírito, o qual intercede pelos santos, segundo Deus"** (Rm 8,27).

Além da oração pessoal, o dom de línguas pode manifestar-se de duas outras formas:

— **Canto em línguas:** exercitado principalmente nas Assembléias de oração em que os presentes como uma orquestra perfeita elevam espontaneamente um cântico no Espírito, isto é, sem palavras inteligíveis aos homens. "**Cantarei com o Espírito..."** (1Cor 14,15) (para aprofundar este aspecto leia o livro **Vitória pela oração** de nossa autoria).

— **Mensagem em línguas:** tem um sentido de profecia sendo acompanhada pelo dom de interpretação: "**...Quando vos reunis, quem dentre vós tem um cântico, um ensinamento, uma revelação, um discurso em línguas, uma interpretação a fazer? — Que isso se faça de modo a edificar. Se há quem fala em línguas, não falem senão dois ou três, quando muito, e cada um por sua vez, e haja alguém que interprete"** (1Cor 14,26-27). Neste sentido Paulo incentiva aqueles que possuem o dom de línguas a pedir o dom de interpretação: "**Quem fala**

em línguas peça na oração o dom de as interpretar" (1Cor 14,13). Esta interpretação não se confunde com tradução, as palavras são concedidas por revelação do alto, segundo a vontade do Senhor.

O apóstolo fornece a forma como estes dois dons devem ser exercidos: "**...Não falem senão dois ou três, cada um de sua vez, e haja quem as interprete.**" A razão provável para este limite à mensagem em línguas está na sua finalidade: "**que se faça de modo a edificar.**" Se em uma Assembléia de oração permite-se um grande número de mensagens, elas se perderão e com certeza servirão somente para uma emoção passageira. A manifestação do Espírito tem por finalidade o crescimento espiritual, conforme as normas da profecia.

Uma palavra de esclarecimento importante

Não há evidência bíblica para afirmar que o sinal do batismo no Espírito seja o dom de línguas, com São Paulo aprendemos que nem todos recebem este dom: "**Falam todos em diversas línguas? Interpretam todos?**" (1Cor 12,30). Se todos não recebem os mesmos carismas, por que todos deveriam receber o dom de línguas? Isto também não significa que a maioria em uma reunião de oração não possa cantar em línguas ou orar em línguas em sua oração pessoal. O carisma de línguas é o dom mais comum na vida da maioria das pessoas que recebem a efusão do Espírito. Esta manifestação pode ocorrer tanto no momento da efusão como em outro momento da nova caminhada com Cristo.

Não podemos transformar o carisma de línguas em obsessão, a ponto de imaginar que aqueles que não o possuem sejam cristãos de segunda linha. Muitos não o recebem justamente por causa desta busca desmedida, outros em virtude da altivez do intelecto, alguns por falta de conhecimento, e outros talvez tenham a aparência exterior do dom, não passando de imitação de algo feito por outros. Recebem este carisma todos os que não colocam limites à graça de Deus.

Outro alerta importante é não transformar este carisma em um ídolo em nossa vida, a ponto de imaginar ser ele sinal de poder espiritual. Os meios para alimentar a presença de Deus são a oração pessoal, a leitura da Palavra e a participação ativa nos sacramentos; o carisma de línguas não substitui estes meios, é somente um complemento a mais para a comunhão com Deus.

OS CARISMAS DE REVELAÇÃO

SABEDORIA

O apóstolo Paulo fala em 1Cor 12,8: "...**A um é dada pelo Espírito uma palavra de sabedoria"**. Estamos diante de um dos carismas fundamentais para o exercício frutuoso de todos os outros carismas do Espírito.

Em Lc 21,15 Jesus prometeu: "**...Porque eu vos darei uma palavra cheia de sabedoria, à qual não poderão resistir nem contradizer os vossos adversários"**. Estevão, o primeiro mártir da Igreja, falou com esta sabedoria do alto diante dos seus opositores: "**Não podiam resistir à sabedoria e ao Espírito que o inspirava"** (At 6,10).

O que é a palavra de sabedoria

É uma operação do Espírito Santo, dando ao cristão orientação para determinada situação através de uma porção bíblica ou por inspiração em sua mente. Esta ação do Espírito visa capacitar os que são do Senhor a enfrentar situações delicadas ou tomar decisões importantes. Não é de modo algum habilidade adquirida em alguma sala de aula, mas dom dado por Deus para determinadas circunstâncias nas quais se faz necessária uma intervenção divina.

Na Bíblia temos muitos exemplos deste dom sendo exercitado, citaremos alguns:

— **José do Egito** quando interpretou o sonho do faraó em Gn 41.

— **Moisés** usou de palavra de sabedoria para convencer o povo sobre a ordem de Deus em Ex 3,16-22.

— **Salomão** precisou decidir qual a verdadeira mãe de uma criança em 1Rs 3,16ss.

— **Jesus** quando questionado sobre o tributo de César em Lc 20,20-26.

— **Pedro e João** diante dos chefes dos judeus sendo acusados por causa da cura de um coxo em At 4,7-21.

CIÊNCIA

Em 1Cor 12,8 lemos: "**...A outro uma palavra de ciência...**".

O que é o carisma de ciência

A palavra de ciência é o dom que o Senhor concede principalmente com duas finalidades:

— capacidade para em certas ocasiões apresentar a mensagem cristã de modo a levar os ouvintes a uma maior compreensão. Mais uma vez, como na palavra de sabedoria, não se trata de habilidade humana. Um exemplo deste dom sendo usado na vida de Jesus encontramos no Sermão da Montanha (Mt 5-7), no qual é atualizada a mensagem do Antigo Testamento. Por meio do carisma de ciência somos revestidos de conhecimento divino como jamais seríamos capazes de adquirir. Somos capacitados a descobrir realidades escondidas da Palavra de Deus.

— por este carisma o Espírito Santo vem em nosso socorro para que possamos ajudar os irmãos e as pessoas em geral a descobrir a causa do mal de suas vidas. Foi por este carisma que Jesus revelou o estado de pecado do paralítico (Mt 9,2-6), da mulher samaritana (Jo 4,17-19) e a retidão de Natanael (Jo 1,47-48) etc.

Este carisma está sempre associado à palavra de sabedoria.

DISCERNIMENTO DOS ESPÍRITOS

Em 1Cor 12,10 está escrito: "**...A outro o discernimento dos Espíritos.**"

O que é o discernimento dos espíritos

É a graça concedida pelo Espírito Santo para distinguir o bem do mal. Por este carisma somos capacitados a discernir aquilo que vem de Deus, daquilo que vem do demônio ou simplesmente de uma falha da natureza humana doente. Este carisma é necessário para o crescimento sadio do cristão e da Igreja.

Por este mesmo carisma é dada a faculdade para julgar se as profecias ou certas declarações são inspiradas pelo Espírito Santo.

Em uma reunião de oração este dom é importante quando os outros dons são exercitados para não permitir estragos irreparáveis ao Corpo de Cristo. Por exemplo, Paulo enfrenta a presença do inimigo em uma mulher possuída por um espírito de adivinhação, durante vários dias interrompeu o apóstolo dizendo: **"Estes homens são servos de Deus altíssimo, que vos anunciam o caminho da salvação"** (At 16,17). A sua afirmação era verdadeira, todavia o espírito que a inspirava não era do alto. Paulo pelo discernimento dos espíritos reconheceu o erro desta mulher e **"voltou-se para ela e disse ao espírito: Ordeno-te em nome de Jesus que saias dela"** (At 16,18). Com este fato aprendemos que o discernimento dos espíritos traz a libertação aos que estão debaixo do domínio do maligno.

CARISMAS DO PODER

CURA

Este carisma, ao lado do de línguas, é um dos que mais chamam a atenção. E, infelizmente, existe muito ensino errado sobre a cura.

A onda das seitas de cura tem feito mais mal do que bem ao povo de Deus, por criar falsas expectativas entre aqueles que as procuram em busca da solução para as mais diferentes enfermidades. Uma afirmação comum destas seitas é todos os doentes têm de ser curados. Quando alguém não é curado as causas são duas, segundo as mesmas seitas, faltou fé ou a pessoa está em pecado.

Estas crenças não têm base na Escritura, sendo facilmente rebatidas pela sua falta de fundamentação. Tomemos o exemplo de Paulo e com toda a sinceridade respondamos: ele tinha fé? A resposta é positiva, sem dúvida o apóstolo foi um herói da fé; e segundo o pensamento das seitas nenhuma enfermidade poderia atingi-lo e suas orações pelos outros seriam sempre atendidas. Entretanto, a Bíblia nos apresenta duas situações aparentemente constrangedoras:

— quanto a sua própria doença: "**...Para que a grandeza das revelações não me levasse ao orgulho, foi-me dado um espinho na carne, um anjo de Satanás, para me esbofetear e me livrar do perigo da vaidade. Três vezes roguei ao Senhor que o apartasse de mim. Mas ele me disse: Basta-te minha graça...**" (2Cor 12,7-9). O que era este espinho na carne? Existem várias explicações: para uns trata-se de uma luta contra o sensualismo, para outros algo de ordem espiritual ou ainda uma doença da pele. Não importa a explicação, importa saber que Deus permitiu a continuação do problema dando a graça para enfrentá-la.

— o outro exemplo aparentemente constrangedor é o caso do amigo que não foi curado pela sua oração: "**Deixei Trófimo doente em Mileto**" (2Tm 4,20).

Durante o ministério de Jesus nem todos foram curados como testemunha a passagem do paralítico de Betesda: "**Nestes pórticos jazia um grande número de enfermos, de cegos, de coxos e de paralíticos, que esperavam o movimento da água. Vendo o paralítico deitado e sabendo que já havia muito tempo que estava enfermo, perguntou-lhe Jesus: queres ficar curado?**" (Jo 5,3.6). Por que Jesus curou somente um paralítico? O evangelho não nos informa, o que sabemos é que um foi curado e os outros ficaram esperando a água mover-se.

Estes exemplos nos revelam o cuidado com os extremos, isto é, não podemos cair no erro de imaginar que com o carisma de cura não precisamos mais de médicos nem no outro exagero de dizer que somente a medicina tem a solução para as enfermidades.

A cura e o cristão

Na Sagrada Escritura aprendemos que todos os cristãos são chamados a rezar pelos enfermos:

— Mc 16,17.18: "**Estes milagres acompanharão os que crerem... imporão as mãos aos enfermos, e eles serão curados**".

— Tg 5,16: "**...Orai uns pelos outros para serdes curados**".

O que é o carisma da cura

São Paulo na carta aos coríntios não se refere a esta atitude comum a todos os cristãos. Em 1Cor 12,9 diz: "**...A outro, a graça de curar as doenças**". Trata-se de algo extraordinário concedido a algumas pessoas para poderem orar pelos enfermos de modo a ser dada a cura. O ministério de cura não pode ser desprezado, pois é apresentado como um dos serviços de Deus em favor dos homens.

MILAGRES

Milagre é algo que escapa à explicação das leis da natureza. A outra tradução desta palavra poderia ser operação de maravilhas por ser um prodígio realizado pelo poder de Deus. Não está ligado somente à cura de pessoas. Como exemplo de milagres do ministério de Jesus podemos citar dois: **a mudança da água em vinho** (Jo 2,1-11); e **andar sobre as águas** (Mt 14,25-33).

Jesus prometeu que os seus seguidores fariam os mesmos milagres que Ele fez: "**...Aquele que crê em mim fará também as obras que eu faço, e fará ainda maiores do que estas; porque vou para junto do Pai.**" (Jo 14,12). Esta promessa cumpriu-se depois da vinda do Espírito Santo em Pentecostes. Pela sombra de Pedro os doentes eram curados (At 5,15), como também ressuscitou Tabita (At 9,40); os primeiros cristãos foram libertos da prisão por anjos (At 5,18-19); Felipe foi transportado corporalmente (At 8,39-40); Paulo ressuscitou Êutico (At 20,9) etc.

FÉ

Aqui é preciso distinguir a graça da fé e o carisma da fé. A graça da fé é a fé normal, sem a qual ninguém pode agradar a Deus, segundo Hb 11,6. Pela graça da fé cremos que Deus realiza tudo o que está contido em sua Palavra. Este é o padrão para todos os cristãos.

O carisma da fé é algo diferente, em certo sentido um acréscimo à fé normal. Por meio dele recebemos do Espírito Santo poder para realizar coisas extraordinárias, aparentemente impossíveis de acontecer. Por exemplo, foi por este carisma que Moisés dividiu o Mar Vermelho (Ex 14). Neste mesmo carisma o cristão é revestido com a fé capaz de remover montanhas: "...**Todo o que disser a este monte: Levanta-te e lança-te ao mar, se ele não duvidar no seu coração, mas acreditar que sucederá tudo o que disser, ele obterá este milagre**" (Mc 11,22-23).

Capítulo VIII

Como receber a efusão do Espírito

Pelo estudo que estamos fazendo fica clara a certeza: **Estar cheio do Espírito Santo, não uma opção entre tantas outras possibilidades, mas uma condição para o verdadeiro cristão.** Como aprendemos, o Espírito Santo está presente em nossa vida desde o nosso batismo. Grande número de batizados possuem esta graça, sem deixá-la agir. Esta situação pode ser revertida. Podemos abrir as comportas do Espírito para que ele flua em nós com toda a liberdade. Você deseja esta experiência? Então prepare-se, porque novo poder espiritual estará sendo dado a você!

ALERTA PARA MELHOR APROVEITAMENTO DESTE CAPÍTULO

"Leia atentamente cada passo, tendo como material auxiliar caneta e caderno para anotar as avaliações da sua vida que serão sugeridas."

PRIMEIRO PASSO: DESPERTAR A FÉ PARA A PROMESSA DE DEUS

A plenitude do Espírito foi profetizada no Antigo Testamento, prometida por Jesus aos seus verdadeiros seguidores e dada em Pentecostes. Para receber tão grande presente não precisamos implorar a Deus, porque ela já nos pertence. A nossa atitude deve ser igual à ida ao banco para sacar a quantia de um cheque. O que fazemos? Se o nosso saldo é positivo, vamos direto ao caixa e retiramos o valor desejado; não nos ajoelhamos pedindo para que nos pague pelo amor de Deus, pois sabemos que o nosso dinheiro encontra-se a nossa disposição.

Aquele que deseja tomar posse da herança de Deus para a sua vida deve despertar o seu coração e mente para esta verdade por meio da fé: "**Assim a bênção de Abraão se estende aos gentios, em Cristo Jesus, e pela fé recebemos o Espírito prometido**" (Gl 3,14). Não poderia ser diferente, pois tudo o que recebemos de Deus é sempre dado pela fé. A fé é a certeza a respeito da vida abundante reservada a todos os que buscam sinceramente ao Senhor, por isso nos aproximamos certos de que receberemos o fluir do Espírito. Esta fé confiante brota daquelas vidas nos quais a Palavra de Deus é acolhida com alegria, pois "**a fé provém da pregação e a pregação se exerce em razão da palavra de Cristo**" (Rm 10,17).

Neste primeiro passo fica evidente a necessidade de as promessas sobre a plenitude do Espírito estarem bem presentes em nós. Para isso é preciso ler e orar com estas promessas de tal modo que faço o nosso coração exclamar como o salmista: "**Minha alma está sedenta de vós, e minha carne por vós anela, como a terra árida e sequiosa, sem água**" (Sl 62,2b). Esta atitude exige a coragem de dar tempo para estar na presença de Deus examinando a Sua palavra, caso contrário não colheremos fruto algum.

SEGUNDO PASSO: OBEDIÊNCIA AO QUE DEUS NOS DIZ

Deus dá o Espírito Santo: "...**A todos aqueles que lhe obedecem**" (At 5,32). Estas palavras de Pedro foram ditas a partir daquilo que havia sido feito pelos primeiros cristãos para receberem o poder do alto em Pentecostes. Jesus ordenara: "...**Que não se afastassem de Jerusalém, mas que esperassem aí o cumprimento da promessa de seu Pai...**" (At 1,4). A obediência é a rendição da nossa vontade para que Deus realize a Sua obra em nossa vida. Por meio da obediência nos dispomos a fazer o que Deus nos pede com a mesma prontidão do jovem Samuel: "**Falai... vosso servo escuta**" (1Sm 3,10).

Os primeiros cristãos não ficaram discutindo a ordem de Jesus como muitos fazem em todos os tempos. O grande mal de muitos cristãos é perderem demasiado tempo querendo saber se é deste ou daquele jeito que Jesus quis falar. É importante o estudo sério da Palavra, mas não podemos de modo algum perder de vista que todo conhecimento bíblico tem como finalidade dar a posse daquilo que está escrito. Tomemos o exemplo de um homem que ficou completamente molhado com a chuva e que ao chegar a casa foi recebido com preocupação, entretanto ao invés de lhe oferecerem uma toalha para se enxugar é levado à sala para falar como ficou naquele estado. Qual a conseqüência deste procedimento? O homem continuou molhado. A Sagrada Escritura não foi escrita para nos entreter com detalhes perdendo de vista o seu todo. Ela foi inspirada para "**proporcionar a sabedoria que conduz à salvação, pela fé em Jesus Cristo**" (2Tm 3,15).

Uma verdadeira renovação espiritual é acompanhada pela disposição em seguir as orientações de Deus sem a preocupação com as circunstâncias ou conseqüências. Trata-se de rendição total à vontade divina para que se realize em nós o seu plano de amor. Significa dizer para Deus: "**Eu te entrego a minha vontade para que se faça a tua**"

TERCEIRO PASSO: RECONHECIMENTO DOS NOSSOS ERROS

A busca pela renovação espiritual não pode ser somente motivada pelo desejo de uma experiência emocional egoísta. Somente nasceremos de novo se esta nossa decisão estiver acompanhada por uma total reviravolta da nossa maneira de viver. Em Is 55,7 o Senhor diz: "**Renuncie o malvado a seu comportamento e o pecador a seus projetos; volte ao Senhor, que dele terá piedade, e a nosso Deus que perdoa generosamente**" Estas palavras são como luz para o nosso caminho, nelas está apresentado o que é necessário para alegrar a Deus. Quando nos voltamos de todo nosso coração para Deus, queremos agradá-lo por meio de uma vida íntegra em todas as áreas. Deste modo, é importante fazer um bom exame de consciência permitindo que o Espírito Santo vá revelando no que estamos entristecendo o Altíssimo. O arrependimento sincero é passo indispensável para uma vida no Espírito na qual colhemos os frutos das bênçãos de Deus. Quando Pedro terminou o seu sermão em Pentecostes e a multidão perguntou como receber a promessa do Espírito Santo, respondeu-lhes: "**Arrependei--vos...**" (At 2,38). Por isso, peçamos: "**Perscrutai-me,**

Senhor, para conhecer meu coração, provai-me e conhecei meus pensamentos" (Sl 138,23).

A VIDA COM DEUS

O ponto de partida para uma vida feliz está ligado ao nosso relacionamento com Deus. É importante saber que o próprio Deus nos revelou como estabelecer esta união de tal modo que vivamos de acordo com a sua vontade. Estes princípios divinos estão resumidos nos dez mandamentos, sendo que os três primeiros dizem respeito ao nosso procedimento com Deus e os seguintes falam de como agir em nosso dia-a-dia.

O pano de fundo para um entendimento maior do propósito de Deus ao dar a Sua Lei, o encontramos em Dt 5,1: "**Ouve, ó Israel, as leis e os preceitos que hoje proclamo aos teus ouvidos: aprende-os e pratica-os cuidadosamente.**" Nestas palavras está apresentado o que Deus deseja da nossa parte na intimidade com Ele: saber escutá-lo. Gastamos tempo diante do aparelho de televisão, no cinema, teatro, com música ou conversas com pessoas amigas, entretanto quando se trata de estar com Deus somos apressados, estamos cansados, não temos tempo.

Examine-se: Você tem buscado a Deus na oração? Quanto tempo passa na presença Dele? Tem lido, estudado e meditado a Palavra? Nestes momentos a sós você busca o que Ele tem para lhe falar ou você é o centro da oração com as suas preocupações?

Em Ex 20,3 o Senhor falou: "**Não terás outros deuses diante de minha face**". Aquele que diz crer no Deus único e verdadeiro encontra neste versículo uma orientação de como praticar a nossa fé: somente

Nele devemos pôr a nossa confiança e buscar as respostas para a nossa vida. Todos os recursos para trazer sorte, entrar em contato com mortos, adivinhar o futuro devem ser rejeitados, pois está escrito: "**Não se ache no meio de ti quem faça passar pelo fogo seu filho ou sua filha nem quem se dê à adivinhação, à astrologia, aos agouros, ao fetichismo, à magia, ao espiritismo, à adivinhação ou evocação dos mortos, porque o Senhor, teu Deus, abomina aqueles que se dão a essas práticas.**" (Dt 18,10-12). Buscar estas práticas significa transformá-las em deuses, o que contraria Is 42,8: "**Eu sou o Senhor, esse é o meu nome, a ninguém cederei a minha glória, nem a ídolos a minha honra**". Examine-se:

Você tem ou teve alguma ligação com espiritismo, mesa branca, umbanda ou qualquer outro culto em que são evocados ou consultados espíritos? Fez mapa astral ou tem o costume de ler horóscopos? Recorreu a médiuns ou adivinhos para saber do futuro? Jogou búzios, runas ou tarô? Tem em sua casa amuletos como buda, pirâmide, gnomos, duendes, Iemanjá, preto-velho? Usa figas, pé de coelho, fitinhas no pulso ou qualquer outro objeto desse tipo? Aqui o arrependimento significa romper com todas estas práticas, destruindo todos os objetos ligados a elas. (É importante quebrá-los ou rasgá-los reduzindo-os a nada, porém nunca dá-los a outras pessoas.) No Catecismo da Igreja Católica quando se comenta o primeiro mandamento é dito: "**Estas práticas contradizem a honra e o respeito que, unidos ao amoroso temor, devemos exclusivamente a Deus**".

A NOSSA VIDA PESSOAL

Uma relação saudável com Deus exige que tenhamos auto-imagem positiva. Somos a obra divina mais preciosa e importante da criação, por isso o salmista escreveu: "**Que é o homem, digo-me então, para pensardes nele? Que são os filhos de Adão para que vos ocupeis com eles? Entretanto, vós o fizestes quase igual aos anjos, de glória o coroastes**" (Sl 8,5-6). Esta certeza deve despertar em nosso interior um amor saudável para conosco.

Examine-se: Você se aceita como é ou se compara a outras pessoas? Qual o sentimento que surge em sua mente quando lembra de seus pais ou das outras pessoas responsáveis pela sua educação? Tem complexo de inferioridade ou sentimento de culpa? Tem algum trauma? É dado ao egoísmo ou orgulho? Sente ciúme ou inveja? Fala dos defeitos alheios? Como enfrenta a dor e as dificuldades? Está feliz sendo solteiro, casado, viúvo ou consagrado?

Entregue ao Senhor todas as emoções negativas e peça que você se enxergue na visão Dele.

O RELACIONAMENTO COM O PRÓXIMO

A melhor forma de não receber ou perder poder espiritual é a falta de amor e perdão para com o nosso semelhante. "**Se alguém disser: Amo a Deus, mas odeia seu irmão, é mentiroso. Porque aquele que não ama seu irmão, a quem vê, é incapaz de amar a Deus, a quem não vê**" (1Jo 4,20.) Estas palavras não valem somente para os que estão próximos de nós, da mesma condição social, raça, religião, pois Jesus nos adverte: "**Se amais somente os que vos amam, que recompensa tereis? Se saudais apenas vossos irmãos, que fazeis de extraordinário?**" (Mt 6,46.47.) O que fazer? Lembre-se do nome das pessoas com quem você não se dá, interceda por elas e peça que o cure da dificuldade em aceitá-las.

PROFISSÃO, TRABALHO E NEGÓCIOS

Uma completa compreensão das exigências do arrependimento leva-nos a buscar a integridade em nossa profissão, trabalho e negócios. Quando a multidão perguntava a João Batista "**Que devemos fazer? Ele respondia: Quem tiver duas túnicas dê uma ao que não tem; e quem tem o que comer faça o mesmo. Também os publicanos vieram para ser batizados, e perguntavam-lhe: Mestre o que devemos fazer? Ele lhes respondeu: Não exijais mais do que foi ordenado. Do mesmo modo os soldados lhe perguntavam: E nós, que devemos fazer? Responderam-lhes: Não pratiqueis violência nem defraudeis a ninguém, e contentai-vos com o vosso soldo**" (Lc 3,10-14). Quando abrimos o coração para que Jesus entre, não podemos mais conviver com mentira, engano, desonestidade, corrupção ou qualquer outra atitude que prejudique o próximo ou nossa condição de cristãos. Deve existir a consciência do errado como também a disposição para reparar o mal cometido.

Examine-se: Como você realiza o seu trabalho e negócios? Faz contratos prejudiciais aos outros? Cumpre os horários? No cargo que ocupa é honesto com as pessoas, dinheiro ou objetos? Paga salário digno e registra com todos os direitos os seus funcionários? Ajuda os pobres, doentes, crianças e idosos? Fica do lado da verdade e da justiça ou se omite para não se comprometer?

PARA VIVER MELHOR ESTE PASSO:

— faça uma oração com as suas palavras reconhecendo ser pecador (abaixo apresentamos uma sugestão). Fale ao Senhor do seu desejo de proceder de modo novo e peça o auxílio do Espírito Santo para corrigir ou reparar algum erro cometido.

— procure um sacerdote para fazer uma boa confissão, pois assim você estará testemunhando o seu amor por Jesus recebendo o perdão dos pecados pelo ministério da Igreja.

ORAÇÃO DE ARREPENDIMENTO

Senhor Jesus,
eu reconheço ser pecador
desejo começar uma nova vida
lava-me com teu sangue derramado na cruz
torna-me mais alvo do que a neve
para que com o teu auxílio não venha mais a pecar
(Continue com as suas palavras...)

QUARTO PASSO: PEDIR COM TODO O CORAÇÃO

Existem aqueles que afirmam possuir o Espírito Santo em virtude do seu batismo, o que é verdade, como estudamos nos capítulos anteriores. Todavia, não basta possuir o Espírito Santo, é necessário deixá-lo agir com toda a liberdade em nossa vida. Se tenho um carro zero-quilômetro com o tanque cheio, para ele funcionar preciso dar a partida. Pedir é dar a partida para uma vida espiritual abundante. A plenitude do Espírito é fruto de decisão pessoal, porque o nosso Deus não violenta a nossa liberdade. O próprio Jesus ensinou a importância desta atitude: **"Se vós, pois, sendo maus, sabeis dar coisas boas a vossos filhos,**

quanto mais o vosso Pai celestial, dará o Espírito Santo aos que lho pedirem" (Lc 11,13).

Este passo deve ser acompanhado por oração intensa e perseverante, trazendo, no coração o desejo ardente pelo fogo de Pentecostes.

SUGESTÃO PARA UMA SEMANA DE ORAÇÃO

— para começar esta semana certifique-se de ter feito uma boa confissão e se no coração, mente, atos e palavras está vivendo uma atitude de verdadeiro arrependimento para com Deus, consigo e o próximo.

— a oração estará dividida com os quatro passos; portanto reserve um bom tempo para estar com o Senhor e não tente pular etapas.

ROTEIRO DE ORAÇÃO PARA UMA SEMANA

PRIMEIRO DIA:

Primeiro passo: Despertar a fé na promessa de Deus

— Leitura de apoio para oração: "**Dar-vos-ei um coração novo e em vós porei um Espírito novo; tirar-vos-ei do peito o coração de pedra e dar-vos-ei um coração de carne. Dentro de vós meterei meu Espírito, fazendo que obedeçais e sigais e observeis os meus preceitos**" (Ez 36,26-27).

— Leia calmamente tomando consciência da obra de transformação que o Senhor deseja operar.

— Preste atenção e pare para interiorizar promessas preciosas: "**Dar-vos-ei um coração novo**" e "**dentro de vós meterei meu Espírito**".

— Estas realidades já pertencem a você, peça com amor a sua posse.

Segundo passo: Obediência ao que Deus nos diz

— Leitura de apoio: Deus dá o Espírito Santo "...**A todos que lhe obedecem**" (At 5,32).

— Faça um ato de entrega da sua vontade a Deus, peça que venha assumir o controle da sua vida.

Terceiro passo: Reconhecimento dos nossos erros

— Retome a folha em que você anotou a sua revisão de vida com Deus, vida pessoal, relacionamento com o próximo, profissão... ore pedindo cura interior, de relacionamentos e integridade de proceder. Observe se está deixando a graça de Deus melhorá-lo.

Quarto passo: Pedir

— Leitura de apoio: "**...O vosso Pai celestial dará o Espírito Santo aos que lho pedirem**" (Lc 11,13).

— Peça ao Pai, em nome de Jesus, que libere de um modo mais forte o Espírito Santo recebido na graça do batismo.

SEGUNDO DIA

Primeiro passo: Despertar a fé

Leitura de apoio: "**Até que sobre vós se derrame o Espírito do Alto. Então o deserto se mudará**

em vergel, e o vergel tomará o aspecto de uma floresta" (Is 32,15).

Deixe o seu coração e mente serem invadidos pela certeza de que o Senhor Deus deseja dar-lhe nova personalidade espiritual (deserto sendo transformado em jardim).

Para os outros passos faça como no primeiro dia.

TERCEIRO DIA

Primeiro passo: Despertar a fé

Leitura de apoio: "**Porque derramarei água sobre o solo sequioso, fá-la-ei correr sobre a terra árida, derramarei meu Espírito sobre tua posteridade...**" (Is 44,3).

Fale ao Senhor da sua alegria em saber que o Espírito Santo está a sua disposição.

Para os outros passos faça como no primeiro dia.

QUARTO DIA

Primeiro passo: Despertar a fé

Leitura de apoio: "**...O que beber da água que eu lhe der jamais terá sede. Mas a água que eu lhe der virá a ser nele fonte de água, que jorrará até a vida eterna**" (Jo 4,14).

Agradeça ao Senhor a fonte da vida que é o Espírito Santo.

Para os outros passos faça como no primeiro dia.

QUINTO DIA

Primeiro passo: Despertar a fé

Leitura de apoio: "...**Quem crê em mim como diz a Escritura do seu interior manarão rios de água viva**" (Jo 7,38).

Dê graças ao Senhor pela oportunidade de conhecer melhor e tomar posse das Suas promessas.

Para os passos seguintes faça como no primeiro dia.

SEXTO DIA

Primeiro passo: Despertar a fé

Leitura de apoio: Na pregação de Pentecostes Pedro disse à multidão, citando o profeta Joel. "...**Acontecerá nos últimos dias — É Deus quem fala, derramarei do meu Espírito sobre todo ser vivo...**" (At 2,17).

Estamos vivendo o tempo do Espírito Santo, abra o seu coração em agradecimento por tão grande oportunidade de bênção.

Para os outros passos faça como no primeiro dia.

SÉTIMO DIA:

Primeiro passo: Despertar a fé

Leitura de apoio: "...**A promessa é para vós, para vossos filhos e para todos os que ouvirem de longe o apelo do Senhor, nosso Deus**" (At 2,39).

Os céus estão abertos e derramam as bênçãos celestiais para que você tenha vida sobrenatural. Demonstre ao Senhor a alegria de saber que com o Espírito Santo a sua vida será abundante.

Para os passos seguintes faça como no primeiro dia.

Capítulo IX

Conselhos para crescer na vida do Espírito

Uma vez despertados pelo Espírito Santo precisamos aprender a andar no Espírito. Para tanto é necessário entender o que significa ser renovado e os meios para manter esta renovação do Espírito.

A RENOVAÇÃO QUE DEUS DESEJA PARA A NOSSA VIDA

Grave erro é imaginar que renovar significa negar o nosso passado religioso, como se tudo começasse a partir da nossa experiência atual com Deus.

No passado, se fomos batizados, e mais ainda, se recebemos a Eucaristia e o Crisma, mesmo não tendo feito a nossa parte, isto é, viver o que estávamos recebendo, Deus nos deu a Sua graça. É claro que a graça de Deus sem a nossa participação não poderá dar-nos a vida abundante do Espírito, mas ela está em nós em virtude do amor misericordioso do nosso Deus.

Quando damos o passo da fé, o Espírito Santo em nós é ativado para que a obra realizada em nosso favor na cruz possa acontecer em nossa vida. Neste momento somos renovados.

O propósito deste renovar o encontramos em Ap 21,5, em que o Senhor revela: "**Eis que eu renovo todas as coisas**". É interessante observar que aí está dito "**Eu renovo todas as coisas**" e não "**Faço de novo todas as coisas**".

Quando o Senhor diz que "**Renova todas as coisas**" está indicando que nos toma onde e como estamos, para nos fazer viver aquilo que Ele já nos deu. Em outras palavras, se nascemos católicos e fomos despertados espiritualmente na Igreja católica, o Espírito Santo nos renova para que dentro da Igreja que pertencemos vivamos como verdadeiros filhos de Deus. A verdadeira renovação do Espírito não nos faz negar ou destruir a nossa origem. Se cremos que Jesus prometeu que as portas do inferno não prevaleceriam contra a Igreja (cf. Mt 16,18) e que o Espírito Santo a acompanha em todos os tempos, mesmo com as falhas humanas ela continua sendo a esposa do Cordeiro.

A autêntica renovação do Espírito nos faz retomar o que estava esquecido ou nunca foi vivido. Deus não pode negar aquilo que o Seu Filho instituiu; assim, ao derramar o Seu Espírito leva-nos a voltar ao primeiro amor. "**Mas tenho contra ti que arrefeceste o teu primeiro amor. Lembra-te, pois, donde caíste, arrepende-te e retorna às tuas primeiras obras**" (Ap 2,4-5).

Ninguém é renovado por Deus para depois de algum tempo mudar de religião, tal proceder é fruto da natureza humana imperfeita. Todas as divisões do cristianismo em várias denominações têm na sua origem problemas de relacionamento entre lideranças e não a vontade de Deus. O desejo de Deus ao derramar do Seu Espírito é claro: formar a comunhão do seu povo em um só rebanho, pois "**Há um só Senhor, uma só fé, um só batismo. Há um só Deus e Pai de todos, que atua acima de todos, por todos e em todos**" (Ef 4,5-6).

A IMPORTÂNCIA DA ORAÇÃO PESSOAL

Para manter acesa a chama do fogo do Espírito despertado é indispensável uma vida de oração pessoal. Se queremos crescer na vitória de Cristo lembremos que Ele disse: "**Que é necessário orar sempre sem jamais deixar de fazê-lo**" (Lc 18,1). Para rezar eficazmente é preciso aprender, exercitar e perseverar. Não devemos presumir que a efusão do Espírito nos torne de uma hora para outra mestres de espiritualidade.

Não podemos confundir oração com simples recitar de algumas orações ou limitá-las a nossa participação na missa ou em um grupo de oração. A oração pessoal fornece o combustível espiritual para a fé como força para viver, dá um sentido maior à nossa presença na missa, grupo de oração e atividades apostólicas.

Para um começo indico um livro de minha autoria chamado **Vitória pela oração,** no qual falo dos diversos tipos de oração bíblica (ação de graças, louvor, adoração, intercessão, meditação, súplica). Neste livro também apresento como organizar a sua oração pessoal e em grupo de modo a experimentar o poder de Deus.

PARTICIPAÇÃO NA IGREJA

O Espírito Santo foi derramado em profusão no dia de Pentecostes com um propósito claro: inaugurar a Igreja para o mundo. A plenitude do Espírito foi concedida primeiro àqueles 120 homens e mulheres reunidos no cenáculo como sinal de importância e necessidade da Igreja.

Toda esta realiade já havia sido preparada por Jesus durante a sua passagem pela terra.

Entre os seus discípulos "**Designou doze dentre eles para ficar em sua companhia**" (Mc 3,14), estes foram preparados para continuar a sua obra e ser seus representantes. Escolheu Pedro a quem deu autoridade para de modo mais forte falar em Seu nome: "**Tu és Pedro, e sobre esta pedra edificarei a minha Igreja, e as portas do inferno não prevalecerão contra ela, eu te darei as chaves do reino dos céus: tudo o que ligares na terra será ligado nos céus, e tudo o desligares na terra será desligado nos céus**" (Mt 16,19).

Na véspera da Sua morte, ao celebrar a ceia com os seus apóstolos revelou o seu sentimento para aqueles que são seus verdadeiros seguidores: "**Tenho desejado ardentemente comer convosco esta páscoa, antes de sofrer**" (Lc 22,15). No discurso do pão da vida deu a condição para a vida divina crescer em nós: "**Se não comerdes a carne do filho do homem e não beberdes o seu sangue, não tereis a vida em vós mesmos**" (Jo 6,53).

Para a Bíblia não existe base para afirmação como "**sou cristão nascido de novo, sou de Jesus, mas não pertenço a nenhuma Igreja**". Falar assim seria o mesmo que eu nasci mas não tenho família. A Igreja é o Corpo de Cristo e sem ela a nossa fé perde sentido. Na carta aos Hebreus diz: "**Não abandonemos a nossa assembléia, como é costume de alguns, mas admoestemo-nos mutuamente...**" (Hb 10,25).

CUIDADO COM LITERATURA OU PREGAÇÕES NÃO CATÓLICAS

No desejo de apressar o crescimento espiritual corre-se o risco de acidente de percurso. Quando estamos começando a nossa caminhada no Senhor temos de conhecer os fundamentos da nossa fé católica. Por quê? Com o crescimento das seitas são feitas críticas à Igreja capazes de influenciar negativamente aqueles que não estão preparados para ser questionados. Ingenuamente alguns se deixam fascinar pela aparente base bíblica das críticas. Esquecem que a Igreja católica existe há quase dois mil anos e que a sua doutrina foi sendo formada não pela opinião de uma pessoa, mas por Concílios (reunião de bispos) constituídos por representantes de toda a Igreja de cada época em que surgiu determinada doutrina.

O católico cheio do Espírito Santo sabe discernir a verdadeira mensagem da Palavra daquela em que o objetivo é tirar os cristãos da sua respectiva igreja. Quando em determinado ambiente são feitas críticas veladas ou claras à nossa Igreja devemos nos retirar. O mesmo vale para literatura, programas de rádio ou televisão. A pregação do Evangelho não pode ter como motivação semear mais divisões. Paulo em Tt 3,10 escreve: "**O homem que fomenta divisões, depois de advertido uma primeira e uma segunda vez, evita-o**".

Nem tudo o que diz da Palavra convém àquele que é do Senhor. Não podemos cair na pretensão de sermos os únicos salvos, entretanto não devemos ser ingênuos a ponto de aceitar a destruição da doutrina recebida das origens do próprio cristianismo. Quando o Espírito Santo repousa sobre cristãos de denominações diferentes, não existe desejo de competição, mas respeito mútuo e comunhão de fé em Jesus Cristo. A verdadeira conversão não é mudança de Igreja, e sim permissão para que o Senhor Jesus assuma o controle da nossa vida.

Uma das armadilhas sutis do inimigo é fazer alguns católicos acreditarem mais nas críticas do que procurar conhecer os fundamentos da nossa doutrina. Daí a necessidade de buscar aprofundamento bíblico, espiritual e teológico para não entristecer o Espírito Santo renovado em nossas vidas pela efusão do Espírito.

Recomendo para um começo os seguintes livros para o seu crescimento espiritual:

— Para conhecimento integral da doutrina católica é indispensável o **Catecismo da Igreja Católica**, recentemente editado.

— Para explicação das críticas feitas à doutrina católica (batismo de crianças, imagens na igreja, a besta do Apocalipse, espiritismo e falsas doutrinas, culto a Virgem Maria...), **Perguntas e respostas sobre a fé vol. 1 e 2**, de autoria do Pe. Alberto Luiz Gambarini (obs: caso você não encontre estes livretos na sua livraria católica escreva para o endereço abaixo.

LEIA TAMBÉM OUTROS LIVROS DO MESMO AUTOR

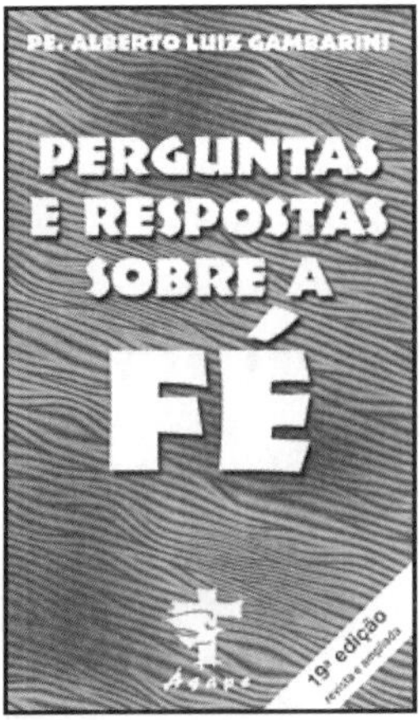

PERGUNTAS E RESPOSTAS SOBRE A FÉ

RESPOSTAS ÀS CRÍTICAS À DOUTRINA CATÓLICA: O Batismo das crianças – A Besta do Apocalipse – A questão das imagens – Sábado e Domingo – Domingo e Sábado – O Papa é o sucessor de Pedro? **RESPOSTAS ÀS FALSAS DOUTRINAS:** O Espiritismo – Algumas questões sobre o Espiritismo – Umbanda – Os Mórmons – Moon – Seicho-No-Iê – Testemunhas de Jeová – A Maçonaria – Os Adventistas do Sétimo Dia – Quem vai para o céu – Qual o castigo dos maus – Seita de cura. **PERGUNTAS SOBRE NOSSA SENHORA:** Culto a Maria: Certo ou Errado? – Imaculada Conceição de Maria – Assunção de Nossa Senhora – Jesus teve outros irmãos? – Aparições de Nossa Senhora: verdade ou mentira? – Rosário – Aprendendo a rezar o terço. **O FUNDAMENTO DA FÉ:** Todas as Bíblias são iguais? – A regra da nossa fé: só a bíblia ou Bíblia, tradição e magistério? **A REALIDADE DO MAL:** Diabo: Realidade ou fantasia? – Jesus e a derrota de Satanás – Questão do mal: contaminação maligna – Meios para não ser contaminado pelo maligno. **O CRISTÃO E A CURA:** Jesus cura? – Cura: Novo Testamento – A Igreja e a Cura – Missa e Cura – Perdão e Cura.

VITÓRIA PELA ORAÇÃO

Tipos de oração. O jejum. Eucaristia: o lugar para uma vida abençoada. Complemento para todos os tipos de oração. Plano de Oração. Oração de Jesus. Rosário. Aprendendo a rezar o terço

A FONTE DA VIDA O NOVO NASCIMENTO

A necessidade do novo nascimento – O amor de Deus – Por que fracassamos? A questão do pecado – Cruz: a solução de Deus para nossas vidas – Que é o novo nascimento – O que não é o novo nascimento – O cuidado com a emoção – Meios para crescer espiritualmente na vida nova – Aprender a discernir nas dificuldades.

MORTE: LUCRO OU PERDA?

Que é morte? Existe o céu? Inferno: verdade ou fantasia? E o purgatório? Segunda vinda de Cristo: realidade ou sonho? O Anticristo: como identificá-lo? A ressurreição da carne. Livres do medo da morte

O FOGO DE PENTECOSTES

Vida nova no Espírito. Espírito Santo, o princípio ativo. A chave para a vida no Espírito: Efusão do Espírito. A evidência da efusão do Espírito: Primeira parte. A evidência da efusão do Espírito: fruto do Espírito. Os dons extraordinários do Espírito: os carismas. Conselhos para crescer na vida do Espírito. Como receber a efusão do Espírito. Conselhos para crescer na vida do Espírito

O MANUAL DA FELICIDADE

O Sermão da Montanha é o caminho mais certo para a felicidade: é o programa de vida ideal para todos aqueles que desejam viver de modo sobrenatural.

CURA DAS EMOÇÕES EM CRISTO

Reeducação da mente: Somos o que dizemos. Aprendendo a amar a si mesmo: Importância da auto-imagem. Enfrentando a rejeição. Perdão e cura das emoções. Saindo da depressão. Libertando-se do medo. Ansiedade ou preocupação. Como vencer a solidão. Desafios dos solteiros. Para se manter e crescer na cura das emoções.

EM QUE CREMOS? Doutrina Católica e Bíblia

A Bíblia: O Antigo Testamento; O Novo Testamento – Os mistérios da fé cristã: O mistério da Santíssima Trindade; Encarnação; Redenção – A Igreja: A origem da Igreja de Cristo; A Organização da Igreja; A hierarquia – Os Sacramentos: A definição e o número dos Sacramentos; Os Sacramentos de iniciação; Os Sacramentos medicinais ou de cura; Sacramentos do serviço da Igreja – Maria Modelo para a Igreja: O fundamento bíblico do culto mariano; As verdades de fé sobre Maria – As Virtudes cristãs ou regras de vida: As virtudes teologais ou sobrenaturais; Virtudes cardeais – Morte, céu, inferno e purgatório: Juízo particular e final; Segunda vinda de Cristo – Orações: principais orações católicas

AO VENCEDOR! Mensagens às Sete Igrejas do Apocalipse

Esfriaste no primeiro amor: Conhecendo Éfeso. ***Não temas o que deverás padecer:*** Conhecendo Esmirna. ***Abandona as falsas doutrinas:*** Conhecendo Pérgamo. ***Tempo de arrepender-se:*** Conhecendo Tiatira. ***Sê vigilante:*** Conhecendo Sardes. ***Guardaste a minha palavra:*** Conhecendo Filadélfia. ***Repreendo e corrijo todos aqueles a quem amo:*** Conhecendo Laodicéia. ***Mensagens às Igrejas do Apocalipse.***

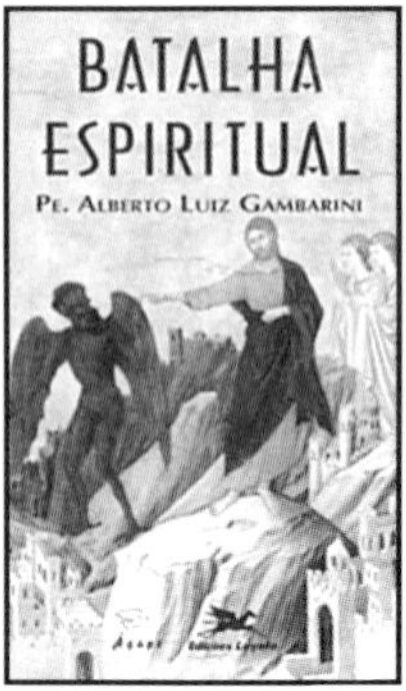

BATALHA ESPIRITUAL

Desmascarando o inimigo: Para a Bíblia, quem é o diabo? – Como identificar a presença do maligno: a mentira; Campos de batalha; Um testemunho da mentira de Satanás; Um testemunho de libertação; Sugestões para uma oração pessoal de libertação; Oração a São Miguel Arcanjo – Plano de batalha – Treinamento para a batalha – Entrando na batalha – Um grande perigo: a Nova Era – A Nova Era e a Igreja: A Nova Era nas Igrejas Evangélicas; Como identificar o evangelho da Nova Era – Uma seita da Nova Era: a Universal do Reino de Deus: A origem da Universal; Algumas práticas da Universal – Maria Santíssima na batalha espiritual – O mundo vai acabar? – Exorcismo: Contra Satanás e os Anjos Rebeldes – Livrai-nos do mal: O ensinamento bíblico; O inimigo oculto; A ação do demônio; A defesa do cristão.

CURA DAS ENFERMIDADES

Creio em milagres – Cura e Bíblia – Fé e Cura – As lições de cura de Jesus para hoje – Cura pela Eucaristia – Cura pela Confissão – Cura pelo perdão – Cura pelo Sacramento da Unção – Outros meios de cura – E se não acontecer a cura? – Orações de Cura.

ORAÇÕES DE CURA E LIBERTAÇÃO

Orações de cura: Oração para a cura física – Oração de cura do corpo – Oração pelo doente – Para pedir a bênção da saúde – Oração antes de uma operação – Oração do enfermo – Oração para pedir auxílio diante da doença – Oração depois de um acidente – Bênção do(s) enfermo(s) – Bênção aos medicamentos– Oração pelos doentes a São Rafael, anjo dos enfermos – Súplica na doença – Oração para a cura do corpo – Oração do Médico – Curaste tantos! – Oração durante a gravidez – Oração da manhã de um enfermo – Oração da noite de um enfermo – Oração para implorar a saúde – Dai-me a saúde – Oração do doente para começar o dia – Oração de cura de Santo Anbrósio para antes da missa – Oração de cura de Santo Tomás de Aquino para antes da missa – Oração de Santo Tomás de Aquino para depois da missa. ***Orações de libertação e exorcismo:*** Oração de libertação – Oração de renúncia às falsas doutrinas – Oração para libertar casas e outros lugares – Oração contra todo o mal – Oração para a libertação da família – Oração contra todos os malefícios – Bênção com água benta para casas, na visita a um doente e outros locais – Para pedir proteção contra o demônio e os espíritos maus – Pequeno exorcismo de São Miguel Arcanjo – Pedido de libertação ao Senhor Jesus – Oração de libertação com Maria – Oração para não se deixar vencer pelo maligno – Exorcismo de Leão XIII contra Satanás e os anjos rebeldes. ***Oração de cura interior: Cura de lembranças:*** Oração da cura interior. ***Oração da cura pelo perdão:*** Oração de cura pelo perdão. ***Terços de libertação e proteção contra as forças do mal:*** Terço de Nossa Senhora – O Terço como arma contra os poderes infernais – O que é? Rosário da Oração de Jesus – Rosário de São Miguel Arcanjo – Terço da misericórdia. ***Ladainhas de libertação:*** Ladainha do preciosíssimo sangue de Jesus – Ladainha do Santíssimo Nome de Jesus – Ladainha do Sagrado Coração – Ladainha de Nossa Senhora – Ladainha em honra a São Miguel Arcanjo – Ladainha de São Rafael. ***Para pedir proteção dos Anjos:*** São Miguel – São Gabriel – São Rafael – Anjo da Guarda – Oração aos santos Anjos...

QUEM FUNDOU A SUA IGREJA

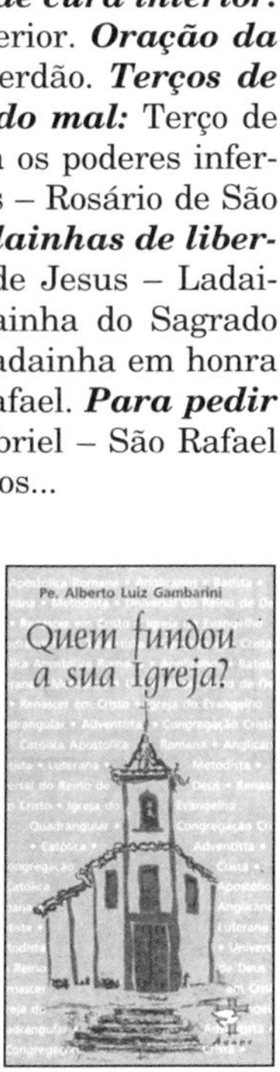

Introdução – Quem fundou a sua igreja? – A garantia para a unidade da Igreja: sucessão apostólica – O sinal visível da unidade – As características da Igreja de Cristo – A reunião da Igreja de Cristo: o Domingo e a Eucaristia – Razões porque sou católico – Aprendendo a conversar com os irmãos separados – A Lista dos Papas – Datas importantes dos três primeiros séculos da Igreja cristã – Alguns questionamentos evangélicos quanto a data da fundação da Igreja católica